Landesanstalt Preussische Geologische

Abhandlungen der Königlich Preussischen geologischen Landesanstalt

3. Heft

Landesanstalt Preussische Geologische

Abhandlungen der Königlich Preussischen geologischen Landesanstalt
3. Heft

ISBN/EAN: 9783744681391

Hergestellt in Europa, USA, Kanada, Australien, Japan

Cover: Foto ©ninafisch / pixelio.de

Weitere Bücher finden Sie auf **www.hansebooks.com**

Abhandlungen

der

Königlich Preussischen

geologischen Landesanstalt.

Neue Folge.
Heft 3.

BERLIN.
In Commission bei der Simon Schropp'schen Hof-Landkartenhandlung.
(J. H. Neumann.)
1891.

Die
Foraminiferen der Aachener Kreide.

Von

Ignaz Beissel.

Nach dem Tode des Verfassers herausgegeben, und mit einer Einleitung versehen

von

E. Holzapfel.

Herausgegeben

von der

Königlich Preussischen geologischen Landesanstalt.

Hierzu ein Atlas mit 16 Tafeln.

BERLIN.

In Commission bei der Simon Schropp'schen Hof-Landkartenhandlung.
(J. H. Neumann.)
1891.

Einleitung.

Im Jahre 1887 starb nach längerem Leiden in seiner Vaterstadt Aachen Herr IGNAZ BEISSEL. In ihm verlor die geologische Wissenschaft einen hervorragenden Vertreter eines leider immer seltener werdenden Typus: einen eifrigen Lokalsammler und bedeutenden Lokalforscher. Ursprünglich Jurist, verliess BEISSEL schon als Referendar den Staatsdienst, und widmete sich ganz den Naturwissenschaften, vornehmlich der geologischen Erforschung seiner engeren Heimath. Dadurch, dass er seine Forschungen auf ein verhältnissmässig eng begrenztes Gebiet beschränkte, war es ihm möglich, dieses bis in alle Details genau kennen zu lernen. In der Stadt Aachen wurde kein Kanal, kein Brunnen gegraben, überhaupt kein Aufschluss gemacht, den BEISSEL nicht untersucht, und in seine Karten eingetragen hätte, und in der Umgebung der Stadt existirt wohl kein anstehendes Gestein, das er nicht nach Streichen und Fallen gemessen, kein Profil, das er nicht genau aufgenommen hätte. Wie sorgfältig er hierbei zu Werke ging, erhellt am deutlichsten aus seinem letzten Werke: »Der Aachener Sattel, und die aus demselben hervorbrechenden Thermalquellen«. Bis in die kleinsten Details werden hier die einzelnen Ablagerungen beschrieben, ihre Gesteinsbeschaffenheit und Fossilführung, und die Lagerung wird meistens nicht nur mit dem Kompass, sondern bei den flach liegenden Kreideschichten mittelst des Nivellirinstrumentes festgelegt. — In uneigennützigster Weise stellte BEISSEL seine reichen Erfahrungen in den Dienst des Gemeinwohles, und wo es sich um eine Frage handelte, die irgend eine naturwissenschaftliche Seite hatte, wurde er gewiss um seinen Rath angegangen. Die ausgezeichnete Sammlung von Versteinerungen, welche BEISSEL zusammenbrachte, war ausschliesslich eine Lokalsammlung, aber als solche von seltener Reichhaltigkeit. Einen bedeutenden Theil derselben schenkte er bereits vor Jahren dem städtischen Museum, den anderen Theil erwarb nach dem Tode des Besitzers die Königliche geologische Landesanstalt und Bergakademie zu Berlin.

Speciell waren es die Schichten der Aachener Kreide, mit ihrem stellenweise so ausserordentlichen Reichthum an trefflich erhaltenen Versteinerungen, welche BEISSEL's. Interesse in Anspruch nahmen. Seine geologischen Erfahrungen sind in dem bereits genannten Werk über den Aachener Sattel niedergelegt, welches deutlich den ausschliesslich lokalen Charakter der BEISSEL'-schen Forschungen erkennen lässt.

Von den Versteinerungen waren es besonders die kleinen und kleinsten Formen, deren Studium er mit besonderer Vorliebe oblag. Neben mehreren kürzeren Notizen veröffentlichte er bereits 1865 seine Bearbeitung der Bryozoen. Schon damals hatte er die Untersuchung der Foraminiferen begonnen, einen Theil des Manuskriptes fertig gestellt, und zahlreiche Zeichnungen angefertigt. Die Arbeit war dann längere Zeit liegen geblieben, aber mehrere Male wieder aufgenommen worden, ohne dass es gelungen wäre, dieselbe fertig zu stellen. Vor seinem Tode übergab er dem Unterzeichneten sein Manuskript und die Zeichnungen mit dem Ersuchen, die letzte Hand anzulegen, und dann die Arbeit zur Veröffentlichung zu bringen, eventuell die Beschreibung der noch fehlenden Arten hinzuzufügen. Bei der Durchsicht ergab sich, dass nur die Familien der Cornuspiriden und Lageniden fertig bearbeitet, und dass von den Globigeriniden nur die Zeichnungen vorhanden waren, neben einzelnen Notizen, die aber in keinem Fall zur Zusammenstellung einer vollständigen Beschreibung der Arten ausreichten. In dem bereits erwähnten Werk, über den Aachener Sattel, hat BEISSEL eine Zusammenstellung seiner Bestimmungen gegeben, und einigen Arten kurze

Bemerkungen beigefügt. Ein Vergleich dieser Listen mit dem handschriftlichen Nachlass ergab, dass von den allerkleinsten Formen auch die Abbildungen zum grossen Theil noch fehlten. Auf Seite 137 führt Beissel als die häufigsten derselben an:

Lagena emaciata Reuss.
Polymorphina Thouini d'Orb.
Virgulina squamosa d'Orb.
  »   *Hemprichii* Ehrenb.
  »   *Schreibersii* Cziz.
Textilaria gibbosa d'Orb.
  »   *striata* Ehrenb.
  »   *agglutinans* d'Orb.
  »   *sagittula* Defr.
Verneuilina pygmaea Egger.
Globigerina cretacea d'Orb.
Sphaeroidina bulloides d'Orb.
Planorbulina jarcta F. u. M.
Pulvinulina repanda var. *pulchella*
Planulina ariminensis d'Orb.
Rotalia aspera Ehrenb.

Auf der anderen Seite fehlen den Listen im »Aachener Sattel« mehrere der Arten, welche in dem Manuskript eingehend behandelt, oder in den Zeichnungen dargestellt sind.

Es schien mir daher zweckmässig, von einer Bearbeitung der von Beissel noch nicht beschriebenen Arten abzusehen, und nur die Zeichnungen und Bestimmungen Beissel's zu bringen, unter Hinzufügung von Bemerkungen, falls sich solche vorfanden. Es ist demnach die folgende Arbeit inhaltlich vollständig geistiges Eigenthum Beissel's. Ich habe nur die Gruppirung der Gattungen etwas geändert, sowie einzelne redaktionelle Aenderungen vorgenommen. Dagegen habe ich ganz darauf verzichtet, abweichende Ansichten über Abgränzung und Benennung von Arten und Gattungen in den Text aufzunehmen, solche vielmehr nur in einzelnen Fällen in Fussnoten zum Ausdruck gebracht. Durch dies Verfahren ergab sich auch die Nothwendigkeit, von einem kritischen Vergleich der Aachener Formen mit anderen Vorkommen abzuschen. BEISSEL hatte einen solchen Vergleich leider nirgends durchgeführt, worin sich wieder die erwähnte eigenthümliche, ausschliesslich lokale Richtung seiner Forschung äussert. — Die zahlreichen vortrefflichen Abbildungen, sämmtlich von BEISSEL selbst ausgeführt, erläutern die Ansichten des Verfassers in treffender Weise, und erleichtern auch den Vergleich anderer Vorkommen mit den Aachenern wesentlich.

Was die vorliegende Arbeit werthvoll macht, und ihre Veröffentlichung trotz der Unvollständigkeit des Textes veranlasste, ist die peinlich genaue Untersuchung eines ungewöhnlich reichen Materials, auf welche sie sich gründet. Wenn BEISSEL sagt, dass die Beobachtungen an 240 Exemplaren gemacht seien, so sind diese 240 Exemplare auch wirklich untersucht, und nicht etwa blos gezählt worden. Dieselbe Gründlichkeit veranlasste den Verfasser auch eingehende Untersuchungen über die Struktur der Schale, besonders der Lageniden, anzustellen, und dieselbe näher zu besprechen, sowie einige bereits von anderen gemachte Beobachtungen durch z. Th. höchst mühsame, eigene Arbeiten zu kontrolliren. Wenn in den betreffenden Abschnitten manche Angaben nicht neu sind, so habe ich doch in Anbetracht des Umstandes, dass sie z. Th. bereits vor etwa 30 Jahren niedergeschrieben wurden, geglaubt, diese Abschnitte möglichst vollständig wiedergeben zu sollen, einmal, weil sie doch manche wichtige und auch neue Beobachtung enthalten, und dann auch, weil doch jede derartige Untersuchung, besonders wenn sie ohne jede Voreingenommenheit — wie das hier der Fall ist — vorgenommen ist, von wissenschaftlicher Bedeutung ist, auch wenn sie nur bekannte Thatsachen bestätigt.

Aus dem reichen Material erklärt sich auch die weite Fassung der einzelnen Arten, deren Abgränzung ja bei den Foraminiferen besonders schwierig ist, und aus dieser weiten Fassung erklärt sich die verhältnissmässig kleine Anzahl der Arten, welche beschrieben werden. Während z. B. REUSS aus dem sächsischen Turon (Pläner von Strehlen und Weinböhla) 101 Arten beschreibt, darunter allein 26 *Nodosaria*-Arten, bestimmt BEISSEL aus dem gesammten Aachener Senon von zahlreichen Fundstellen die z. Th. ausserordentlich reich an Foraminiferen sind, nur 67 Arten, zu denen dann noch die im »Aachener Sattel« aufgeführten kleinsten Formen mit 16 Arten kommen, darunter nur 7 Nodosarien. Es hängt das eben von den verschiedenen Ansichten über die »Species« ab. — In Folge des ausserordentlich reichen Untersuchungsmateriales war BEISSEL weiterhin in der Lage, bei vielen Arten interessante Missbildungen zu beobachten, von denen ein Theil abgebildet wurde. — Von besonderem Interesse ist die Untersuchung der künstlichen Steinkerne, weil durch dieselbe einmal die Wachsthumsverhältnisse der Gehäuse, andererseits die genaue Beschaffenheit der inneren Kammerwände viel besser klargestellt werden, als durch Untersuchung aufgebrochener oder angeschliffener Exemplare. BEISSEL hatte diese Untersuchungsmethode bereits bei den Bryozoen angewandt, und giebt zur Herstellung der Kerne folgende Anweisungen: Die Schalen, von denen Steinkerne hergestellt werden sollen, müssen natürlich hohl sein, und möglichst reine Kammern haben. Dieselben werden äusserlich gereinigt, und dann in eine mit Kieselsäure gesättigte Wasserglaslösung gelegt, welche man in der Weise herstellt, dass man zu einer Lösung käuflichen Wasserglases so viel Kieselgallerte hinzufügt, dass ein Ueberschuss derselben bleibt. Nach langsamem Anwärmen zum Austreiben der Luft aus den Schalen, dampft man die Lösung bis zur Syrupdicke möglichst langsam ein. Am besten ist es, dieses Eindicken durch Verdunstung bei Zimmertemperatur zu bewirken, was etwa 12 Stunden dauert. Die Flüssigkeit ist dabei öfters umzurühren, damit sich keine Haut auf der Oberfläche bildet. Hierauf werden die Schalen vorsichtig aus der Flüssigkeit genommen, am besten mittelst eines Pinsels, und in einer flachen Schale mit einer Lösung von Ammoniak übergossen, welche man zweckmässig mit etwas Kupfervitriollösung blau färbt. Sind die Schalen von der Flüssigkeit durchdrungen, so giesst man diese bis auf einen kleinen Rest ab, welcher dann möglichst vorsichtig mittelst Chlorwasserstoffsäure neutralisirt wird, wobei darauf zu achten ist, dass die Schalen nicht angegriffen werden dürfen. Dann wird die Flüssigkeit langsam eingedampft, dann die Schalen herausgenommen, und nachdem sie vollständig ausgewaschen sind, wieder in Wasserglas gelegt, und das Verfahren von vorher wiederholt. Am besten ist es, wenn man die ganze Operation dreimal vornimmt, oft genügt aber auch ein zweimaliges Fällen von Kieselsäure in den Kammern. Nach den Erfahrungen Beissel's genügte dagegen ein einmaliges Bad in Wasserglas nie. Die Gehäuse, in deren Kammern nun Kieselsäure ausgeschieden ist, werden dann — am besten in einem Uhrglase — in sehr verdünnte Salzsäure gebracht, um die Schalen aufzulösen. Dabei ist darauf zu achten, dass die Entwickelung der Kohlensäure möglichst langsam vor sich gehen muss, wenn durch deren mechanische Einwirkung der Steinkern nicht zerstört werden soll. Man bringt daher zweckmässig die Schalen in Wasser, und setzt vorsichtig tropfenweise die Säure zu. Erst wenn die Schale aufgelöst ist, kann man zur Entfernung der letzten Schalenreste die Steinkerne in concentrirte Säure bringen, resp. diese aufgiessen und erwärmen. Dann werden, immer ohne die sehr leicht zerstörbaren Steinkerne zu berühren, dieselben möglichst ausgewaschen, dann das Wasser abgegossen und durch Alkohol ersetzt. Mit diesem erwärmt man vorsichtig, bis die Luft ausgetrieben ist, und bettet dann die nun fertigen Steinkerne auf dem Objectträger vollständig in Canadabalsam ein, den man zunächst etwas mit Terpentin verdünnt. Diese Steinkerne werden in dem Balsam vollständig durchsichtig, und eignen sich vortrefflich zur mikroskopischen Untersuchung.

Das Vorkommen der Foraminiferen in der Aachener Kreide.

In den untersten Schichten der Aachener Kreide, dem Aachener Sand, finden sich Foraminiferen nicht. Auch der Grünsand mit *Actinocamax quadratus* ist im Allgemeinen arm an solchen, nur an einer Stelle kommen dieselben in zahlloser Menge in einer losen Sandschicht zusammen mit kleinen Austern- und Anomien-Schalen, Fischschuppen etc. vor. Durch einfaches Aussieben in der trockenen Jahreszeit kann man die kleinen Schalen in beliebiger Menge gewinnen. Die Fundstelle liegt in der

Böschung der Lütticher Landstrasse, fast auf der Höhe des Aachener Waldes, hat aber nur eine beschränkte Ausdehnung. Die hauptsächlichsten hier vorkommenden Arten sind:

Dentalina acuta D'ORB.
» *propinqua* BEISSEL
Frondicularia inversa REUSS
Cristellaria rotulata D'ORB.

Die erstgenannte Art ist die bei weitem häufigste.

Wesentlich seltener, und viel schlechter erhalten, finden sich Foraminiferen in den thonigen Grünsanden des Preussberges, besonders in der Schafskul bei Heldsruhe, wo sie mit verkieselter Schale in rundlichen Concretionen liegen, welche ausserdem massenhafte Schwamm-Nadeln enthalten. An allen anderen Stellen bei Aachen werden immer nur einzelne Exemplare gefunden. Dass indessen während der Ablagerung des Grünsandes allenthalben Foraminiferen in Menge die Aachener Bucht des Kreidemeeres bevölkerten, beweisen die massenhaft vorkommenden Glaukonitkörner, die oft ein Drittel der Gesammtmasse bilden. Wenn auch bei weitem die meisten derselben keinerlei regelmässige Gestalt zeigen, so lassen doch viele von ihnen erkennen, dass sie Steinkerne von Foraminiferen, oder Theile von solchen sind. Auch schon im Aachener Sand, namentlich in den oberen Lagen desselben, wie im Eisenbahneinschnitt bei Ronheide, bei Altenberg, am Wingertsberg bei Aachen, sowie bei Gemmenich und Tertraëten finden sich vereinzelte Körner von Glaukonit, an denen hier und da zu erkennen ist, dass sie Bruchstücke von Foraminiferen darstellen, deren Bestimmung freilich unmöglich ist. Viel häufiger als in den unteren sandigen Ablagerungen der Aachener Kreide, finden sich die Foraminiferen in den höheren, kalkig-mergeligen Schichten mit *Belemnitella mucronata*. Die unteren Lagen dieser Kreidemergel enthalten gewöhnlich noch reichliche Mengen von Glaukonit, dessen Körner oft die Gestalt von allerdings schlecht erhaltenen Foraminiferen-Steinkernen besitzen. Zusammen mit diesen finden sich indessen fast immer

Schalen, wenn auch gewöhnlich nicht gut erhalten. Nach oben hin wird allgemein der Glaukonitgehalt geringer, und sind dann auch ebenso allgemein die Schalen der Foraminiferen besser erhalten. J. BEISSEL hat beobachtet, dass in den Kreidemergeln ohne Feuerstein, die Schönheit der Schalenerhaltung im umgekehrten Verhältniss zu der Menge der in Salzsäure unlöslichen Bestandtheile steht, d. h. je grösser die Menge dieser unlöslichen Bestandtheile ist, um so ungünstiger ist der Erhaltungszustand. BEISSEL machte in dieser Hinsicht nachfolgende Angaben:

In den Mergeln am Friedrichsberge, am Landgraben, in einer Höhe von 600', enthalten die Mergel 51 pCt. in Salzsäure unlöslichen Rückstand, und sehr schlecht erhaltene Schalen. Dasselbe ist der Fall bei den Mergeln am alten Vaalser Weg, mit 48 pCt. Rückstand. Recht gute Schalen dagegen finden sich schon am Friedrichsberge in einer Mergelgrube, welche etwa 100' höher liegt, wie die vorstehend genannte, in der die Mergel nur 38 pCt. Rückstand haben, und bei weitem die besten Schalen kommen in einem noch 100' höher liegenden Mergel vor, der beim Behandeln mit Salzsäure nur 21 pCt. Rückstand ergiebt.

Die Gewinnung der Schalen aus diesen Mergeln ist vielfach eine leichte. Oft braucht man das Gestein nur scharf zu trocknen, und dann in Wasser zu legen; dasselbe zerfällt dann zu einem leicht schlemmbaren Brei. Namentlich die Mergel der Höhe des Friedrichsberges, und die Cirripedenreichen Mergel des Preussberges gehören in diese Kategorie. Etwas härtere Mergel kann man oft schlemmen, wenn man diesen Process wiederholt. Ganz harte Mergel, sowie die in Wasser nicht zerfallende Schreibkreide von Henry Chapelle behandelte BEISSEL derart, dass er das scharf getrocknete Gestein in eine übersättigte Lösung von Natriumsulfat legte. Das eingedrungene Salz sprengte dann beim Krystallisiren das Gestein, und machte es zum Schlemmen geeignet.

Die höheren Schichten der Mucronaten-Kreide, die Mergel mit Feuersteinen, enthalten zwar ebenfalls Foraminiferen, und stellenweise in grosser Zahl. Indessen ist die Erhaltung derselben meist eine ungünstige, und vornehmlich die Gewinnung eine schwierige. Am häufigsten pflegen sie in den Feuersteinen

Einleitung. 9

zu sein, wovon man sich bei der Untersuchung von Dünnschliffen überzeugen kann; und in manchen hohlen Feuersteinen finden sich in dem eingeschlossenen, meist ockergelb gefärbten sandigen Pulver viele Schalen von Foraminiferen. In den festeren Kalken kommen meist nur schlechte Steinkerne, vielfach aus Glaukonit bestehend, vor.

Naturgemäss findet man bei Aachen sowohl die Schalen als auch die Steinkerne der Foraminiferen auch in den Lehm-artigen Gesteinen, welche vielfach die Kreideablagerungen bedecken, und aus deren Zersetzung hervorgegangen sind.

Bemerkt mag noch werden, dass BEISSEL nur die Vorkommen der nächsten Umgebung Aachens berücksichtigte. Die zur Quadratenkreide gehörigen sandig-thonigen Gesteine, welche bei Aubel und anderen Orten des benachbarten Belgisch-Limburg auftreten, sind ebenso wenig in den Bereich der Arbeit gezogen, wie die Kreideschichten des Maassthales. Nur die weisse Kreide von Henry-Chapelle ist noch mit untersucht worden. Dieselbe lieferte besonders viele Rotalinen.

Die hier beschriebenen, resp. nur abgebildeten Arten sind die folgenden:

No.	Namen der Arten	Grünsand	Friedrichsberg	Unt. Mucron. Mergel				Obere Mucron. Mergel
				Preussberg	Vaals	Brandlerberg	Henry-Chapelle	
1	*Lituola aquisgranensis* BEISS. . . .	—	×	×	×	×	—	—
2	» » » var. *conica*	—	×	×	×	×	—	—
3	*Haplophragmium Murchisoni* REUSS. .	—	×	—	—	×	—	—
4	» *compressum* BEISSEL	—	×	—	—	—	—	—
5	» *bulloides* BEISSEL .	—	×	—	×	—	—	- -
6	» *grande* REUSS . .	—	—	×	—	—	—	—
7	» *inflatum* BEISSEL .	×	×	—	×	×	—	—
8	*Polyphragma variabile* D'ORB. . . .	×	×	×	×	×	×	—
*9	» » » var. . .	×	—	—	—	—	—	—
10	*Trochamina recta* BEISS.	—	—	—	×	—	—	—
11	? *Polymorphina* sp. aff. *silicea* SCHULTZE	—	×	—	—	×	—	—

No.	Namen der Arten	Grünsand	Friedrichs-berg	Preussberg	Vaals	Brander-berg	Henry-Chapelle	Obere Mucron. Mergel
12	Glandulina cylindracea Reuss	×	×	×	×	×	×	—
13	Nodosaria Zippei Reuss	—	×	×	×	×	×	—
14	Dentalina monile v. Hag.	—	×	×	×	×	×	—
15	» communis d'Orb.	—	×	×	×	×	×	—
16	» Lorneyi d'Orb.	—	×	—	×	—	—	—
17	» incrassata Beissel	—	×	—	×	—	—	—
*18	» propinqua Beissel	×	×	—	×	—	—	—
19	» acuta d'Orb.	×	×	×	×	—	—	—
20	» polyphragma Reuss	—	×	×	×	×	×	—
21	Frondicularia Archiaci d'Orb.	—	×	×	×	—	—	—
22	» augusta Nilss.	—	×	×	×	×	×	—
23	» strigillata Reuss	×	×	×	×	×	×	—
24	» inversa Reuss	×	×	×	×	×	×	—
25	» radiata d'Orb.	—	—	×	—	—	—	—
*26	Flabellina inversa Beissel	—	—	×	—	—	—	—
*27	» Archiaci Beissel	—	—	×	—	—	—	—
*28	» elliptica Nilss.	—	×	×	×	—	—	—
29	» rugosa d'Orb.	—	—	×	—	—	—	—
*30	» radiata Beissel	—	—	×	—	—	—	—
*31	» Baudouini d'Orb.	—	—	×	—	—	—	—
32	» favosa Beissel	—	×	—	—	—	—	—
33	Vaginulina costulata Roem.	×	—	×	—	—	—	—
34	Marginulina ensis Reuss	—	×	×	×	×	×	—
35	Cristellaria triangularis d'Orb.	—	×	—	×	—	—	—
36	» harpa Reuss	—	×	—	×	—	—	—
37	» rotulata Lam.	×	×	×	×	×	×	—
*38	» umbilicata Beissel	—	—	×	—	—	—	—
39	Polymorphina complanata d'Orb.	—	×	—	—	—	—	—
40	» proteus Beissel	×	×	×	×	—	—	—
41	» glomerata Roem.	—	×	×	×	×	×	—
42	Pyrulina acuminata d'Orb.	—	×	—	×	—	—	—
43	Pleurostomella subnodosa Reuss	—	×	—	×	—	—	—

Einleitung.

No.	Namen der Arten	Grünsand	Friedrichs-berg	Preussberg	Vaals	Brander-berg	Henry-Chapelle	Obere Mucron. Mergel
44	*Virgulina tegulata* Reuss	—	—	—	—	—	—	×
*45	*Bulimina laevis* Beissel	—	×	—	×	—	—	×
46	*Textularia bolivinoides* Reuss	—	×	—	—	—	—	—
47	» *anceps* Reuss	—	×	×	×	—	—	—
*48	» sp.	—	—	—	—	—	×	—
*49	» cf. *conulus* Reuss	—	×	—	—	—	—	—
50	*Gaudryina rugosa* d'Orb.	—	×	—	—	—	—	—
51	» *oxyconus* Reuss	—	×	—	—	—	—	—
52	*Verneuilina tricarinata* d'Orb.	—	×	—	—	—	—	—
*53	*Bigenerina cretacea* Beissel	—	—	×	—	—	—	—
*54	*Webbina rugosa* d'Orb.	—	×	—	—	—	—	—
*55	*Globigerina cretacea* d'Orb.	—	×	—	—	—	—	—
56	*Rotalia nitida* Reuss	—	—	—	×	—	—	—
*57	» cf. *Boueï* d'Orb.	×	—	—	—	—	—	—
*58	» cf. *Klembergensis* d'Orb.	—	×	—	—	—	×	—
59	» sp.	—	—	—	×	×	—	—
*60	» *aspera* Ehrenb.	—	×	×	×	—	×	—
*61	» *Michelini* d'Orb.	—	?	—	—	—	×	—
*62	*Rosalina* sp.	—	×	—	—	—	—	—
*63	» *ammonoides* Reuss	—	×	—	—	—	—	—
*64	» *Clementina* d'Orb.	—	?	—	—	—	×	—
*65	» sp.	×	—	—	—	—	—	—
*66	*Truncatulina* sp.	—	—	×	—	—	—	—
67	» sp.	—	×	—	—	—	—	—

Von diesen Arten sind die angesternten im »Aachener Sattel« nicht aufgezählt, während andererseits die dort angeführte *Gaudryina oxyconus* in den handschriftlichen Notizen nirgends erwähnt wird.

I. Imperforata Carp.

Familie Cornuspiridae v. Zittel.

Genus Lituola.

Lituola aquisgranensis Beissel.

Taf. III, Fig. 1—54. Taf. XVI, Fig. 33—35.

Anfangskammer kugelig, von 0,07 — 0,09 mm Durchmesser. Es gelang indessen nur bei 20 Exemplaren, dieselbe frei zu legen. In einzelnen Fällen zeigte dieselbe eine etwas ovale Gestalt, und besass dann eine Scheidewand. Zuweilen wurde auch beobachtet, dass der Anfang des Gehäuses von 5 oder 6 gleich grossen Zellen gebildet wurde, deren Lage zu einander keiner Gesetzmässigkeit zu folgen schien, so dass sich auch nicht feststellen liess, ob diese Zellen etwa durch Ausbildung von Septen entstanden waren (vergl. Taf. XVI, Fig. 35). Die folgenden Kammern, 7—13 an Zahl, haben die Gestalt von Kugelsegmenten, ihre Wandungen sind etwas aufgetrieben und tragen in der Mitte in einer schwachen Einsenkung die kreisförmige Mündung. Sie ordnen sich zu einer, aus $1\frac{1}{2}$ — 2 Umgängen bestehenden Spirale, über welcher noch 5 weitere, ähnlich gestaltete Kammern geradlinig angeordnet sind, deren letzte eine kreisförmige Mündung von 0,10 — 0,18 mm Durchmesser hat. Ausnahmsweise ist diese Mündung abweichend gestaltet, und zwar oval, halbmondförmig, hufeisenförmig, kleeblattförmig (Fig. 6) oder spaltförmig (Fig. 28). Da die Gestalt der Kammern und ihre Grössenzunahme mancherlei Schwankungen unterliegt, so ist auch die Gestalt des Gehäuses eine verschiedene. Zuweilen ist der spirale Theil relativ breit, während die Kammern des gestreckten Theiles nahezu die gleichen Abmessungen zeigen, so dass das Gehäuse die Gestalt eines Bischofstabes besitzt (Fig. 1 — 3). In anderen Fällen ist der spirale Theil nur schwach entwickelt, und die geradlinig angeordneten Kammern umfassen denselben zum grossen Theil, so dass er äusserlich kaum hervortritt. Solche Gehäuse haben dann eine mehr kegelförmige Gestalt (Fig. 17 — 24). So sehr aber auch diese extremen Formen von einander verschieden sind, so sind sie doch durch alle möglichen Uebergänge mit einander verbunden (z. B. Fig. 8), so dass eine Trennung in mehrere Arten durch die genannten Unterschiede nicht begründet werden kann.

Bei beiden Formen kommen nicht selten Unregelmässigkeiten in der Aufeinanderfolge der Kammern vor, und zwar derart, dass die jüngeren Kammern sich schief an die älteren ansetzen, oder dass die Grössenzunahme einer Kammer ungewöhnlich stark ist. Auf eine solche, besonders weite Kammer folgt dann wohl eine besonders kleine, so dass das Gehäuse eine wulstförmige Verdickung besitzt (Fig. 22 — 24). — Die Kammern werden durch Scheidewände, die bis zu 0,09^{mm} dick sind, und deren Zahl 7 — 10 beträgt, in kleine Unterabtheilungen zerlegt. Diese Scheidewände, welche radial angeordnet sind, stossen in der Mitte der Zelle nicht zusammen, der innerste Theil des Gehäuses ist daher nicht weiter getheilt (Taf. XVI, Fig. 33, 34). Oft kommen auch Septen zweiter Ordnung vor, so dass dadurch die Theilung der Kammern eine sehr weitgehende wird. Noch complicirter kann dieselbe dadurch werden, dass zuweilen horizontale, querbodenartige Scheidewände auftreten, wenn dieselben auch stets unvollständig bleiben.

Mit Rücksicht auf die Schalenstruktur unterscheiden sich die beiden oben charakterisirten Varietäten in der Weise, dass die Form mit breitem, deutlich abgesetzten Spiraltheil, eine weniger rauhe Oberfläche hat, als die andere, die als var. *conica* bezeichnet werden mag. Bei ersterer sind die Sandsplitter auch meist in regelmässiger Weise angeordnet, und zwar so, dass eine grössere Platte von kleineren umgeben wird; dieselben liegen mit ihrer grössten Fläche auf der Schalenoberfläche. Bei der var. *conica* dagegen sind die Kieselsplitter unregelmässig angeordnet, und treten meist an der Oberfläche mit Kanten oder Ecken hervor. Der zum Bau der Schale verwandte Sand besteht meist aus farblosen Quarzsplittern, die durch ein spärlich vorhandenes, körnigkalkiges Cement verkittet werden. Hin und wieder findet man auch Silicatkörnchen, dagegen beobachtete ich nur einmal einen schaligen Anflug aus Glaukonit, nie dagegen ein Korn dieses Minerals innerhalb der Schalsubstanz. Bei der var. *conica* hatten die Splitter einen Durchmesser von $0,18 - 0,22^{mm}$, meist aber nur von $0,02 - 0,09^{mm}$. Die Splitter bei der typischen Form hatten höchstens $0,12 - 0,14^{mm}$ Durchmesser.

Oft beobachtet man, dass die Kammerwände ausser der Mündung, noch ein zweites, rundliches Loch besitzen, das in einzelnen Fällen sicher durch eine äusserliche Verletzung entstanden sein dürfte. Ueber einem solchen Loch entwickelt sich meist eine normal gestaltete Kammer, welche nur selten ringsum geschlossen ist (Fig. 38, 46), meistens vielmehr eine gleichfalls normal gestaltete Mündung besitzt (Fig. 44). Ueber einer solchen Knospe entwickeln sich dann noch mehrere Kammern (Fig. 35—41), stets in geradliniger Anordnung, welche auch dann vorhanden ist, wenn die Knospe sich an einer Kammer des spiralen Theiles bildete. Wenn mehr wie eine Knospe vorhanden ist, so wird doch immer nur bei einer derselben ein Fortwachsen beobachtet. Zuweilen findet auch eine Gabelung des Gehäuses dadurch statt, dass sich eine Kammer der noch jungen Schale in der Längsrichtung theilt.

Die Dimensionen der typischen Varietät betrugen: Länge $2,73^{mm}$, Breite an der letzten Kammer 1,09, an der Spira 1,18; Dicke oben 0,98, an der Spira 0,54. Diese grössten Exemplare hatten 5 geradlinig angeordnete Kammern.

Von der var. *conica* maassen Exemplare mit gleichfalls 5 geradlinig angeordneten Kammern: in der Länge $2,91^{mm}$, in der Breite oben 1,60, unten 0,91; in der Dicke oben 1,60, unten $0,81^{mm}$.

Die Beobachtungen wurden gemacht an 3838 Exemplaren,

darunter 2025 der typischen Form und 1716 der var. *conica*[1]). Darunter waren 97 Exemplare mit Knospen, oder mit gabeliggetheilter, resp. doppelter Endkammer.

Vorkommen: Kreidemergel ohne Feuersteine bei Vaals, am Friedrichsberg und Preussberg sehr häufig. Selten, und meist in kleinen Exemplaren am Branderberg.

Genus Haplophragmium Reuss.

1. Haplophragmium Murchisoni Reuss.
Taf. IV, Fig. 1—10.

1854. *Triplasia Murchisoni* Reuss, Sitzungsber. d. K. K. Acad. Wien, p. 65, t. 25, f. 1—2.

Anfangskammer kugelig, von 0,054—0,227 mm Durchmesser, darüber 4—5 reitende Kammern, welche die Gestalt des Segmentes einer Linse haben. Dieselben bilden eine hyperbolische Spirale, und über dieser folgen 5—6 geradlinig angeordnete, bedeutend grössere Kammern, von niedriger, drei- oder vierkantiger Gestalt, mit scharfen vorspringenden Kielen. Dem entsprechend sind die Seitenflächen des kantigen Gehäuses rundlich ausgekehlt. Die Endigung der letzten Kammer ist spitz glockenförmig, ungekielt, und trägt die oft etwas röhrenförmig ausgezogene Mündung, welche rundlich, ausnahmsweise auch wohl spaltenförmig ist. Die Wandungen der rauhen, sandigen Schale sind 0,128—0,236 mm dick, und die Quarzsplitterchen sind unregelmässig angeordnet. Die Spira ist sehr klein, sie wird von den folgenden Kammern meist vollständig umfasst, und ist äusserlich nur dann bei genauerer Untersuchung wahrnehmbar, wenn sie zufällig einmal in einer der Kanten liegt. In diesem Falle ist sie aber sehr oft ab-

---

[1]) Nach der vorstehenden Beschreibung und dem vorliegenden Material kann es wohl keinem Zweifel unterliegen, dass die im Vorstehenden als Varietäten beschriebenen Formen gut charakterisirte Species darstellen, wenn auch mannigfache Uebergänge vorhanden sind, was bei einem so reichen Material nur naturgemäss ist. Die beiden Arten werden als *Lituola aquisgranensis* Beissel und *Lituola conica* Beissel zu bezeichnen sein. H.

gebrochen, und daher meist nur in Schliffen zu sehen, welche dieselbe gerade treffen. Da aber die Anfertigung solcher Schliffe bei weitem nicht immer gelingt, so mag das wohl die Veranlassung gewesen sein, dass auch CARPENTER *Triplasia Murchisoni* REUSS zu *Orthocerina* stellte. Exemplare ohne den geradlinigen Theil der Schale wurden nicht beobachtet. Vierkantige Exemplare fanden sich nur vereinzelt, ebenso solche, welche anfangs dreikantig, später vierkantig waren. Die Dimensionen waren: Länge 0,781—5,00 ^{mm}, Breite oben 0,418—2,00 ^{mm}. Die Spira der grössten Exemplare hatte einen Durchmesser von 0,727—1,091 ^{mm}. Untersucht wurden 278 Exemplare, unter denen nur 8 vierkantige waren.

Vorkommen: Kreidemergel ohne Feuersteine. Nur am Friedrichsberg (häufig) und am Branderberg (selten). Die Exemplare von letzterer Fundstelle pflegen auch bei der gleichen Anzahl der Kammern wesentlich kleiner zu sein, wie die vom Friedrichsberg.

2. Haplophragmium compressum BEISSEL.

Taf. IV, Fig. 11—23.

Anfangskammer kugelig, von 0,14 — 0,18 ^{mm} Durchmesser, darüber 5 seitlich zusammengedrückte, reitende Kammern, welche sich auf der einen Seite stärker umfassen, wie auf der anderen, und so eine aufsteigende Spirale bilden. Es tritt daher auch die Anfangskammer auf der einen Seite meist deutlich hervor. Ueber der Spirale folgt der gestreckte Theil, welcher gleichfalls aus seitlich comprimirten Kammern besteht, die sich an den gerundeten Kanten stärker umfassen, als an den Seitenflächen, wodurch ihre Gestalt sichelförmig wird. Die Mündung der letzten Kammer ist spaltförmig, die der älteren Kammern rundlich. Die Schale besteht aus Quarz, Glaukonitkörnchen und selbst Bruchstücken von Molluskenschalen, welche durch ein spärlich vorhandenes Cement lose mit einander verkittet sind. Meist ist die letzte Kammer etwas schmaler als die vorhergehende, und häufig beobachtet man auf einer der breiten Seiten der Schale eine stark gerundete, dachförmige Kante, durch welche das Gehäuse einen gerundet dreieckigen Querschnitt bekommt; derselbe hat aber niemals die ausgehöhlten Seitenflächen des *H. Murchisoni*. So verschieden diese, dreikantigen Formen nun auch erscheinen, so finden sich doch genügend Exemplare, welche den ganz allmähligen Uebergang der einen Form in die andere vermitteln, die dreikantigen Exemplare betrachte ich daher nur als Abnormitäten.

Die Dimensionen betrugen: Länge $1{,}09 - 3^{mm}$, Breite $0{,}98$ bis $1{,}27^{mm}$, Dicke $0{,}36 - 0{,}54^{mm}$. Der Durchmesser der Spira beträgt $0{,}27 - 0{,}91^{mm}$.

Oft finden sich Stücke mit unregelmässig angeordneten Kammern, die sich bald auf der einen, bald auf der anderen Seite stärker umfassen. In manchen Fällen ist die Mündung durch dieselbe Masse, welche die Schale zusammensetzt, geschlossen, ohne dass eine andere Oeffnung sich gebildet hätte. — Untersucht wurden 373 Exemplare.

Vorkommen: Kreidemergel ohne Feuerstein auf dem Friedrichsberge, häufig.

Ein Exemplar, das sich durch seine Grösse auszeichnet, fand ich in einem losen Grünsand am Königsthor, mit anderen sonst nur in den Mergeln sich findenden Arten, so dass es fraglich ist, ob dasselbe dort auf ursprünglicher Lagerstätte war.

3. Haplophragmium bulloides BEISSEL.

Taf. IV, Fig. 24 — 30.

Die kugelige Anfangskammer hat $0{,}073 - 0{,}091^{mm}$ Durchmesser, um dieselbe wickelt sich eine, aus $3\frac{1}{2}$ Umgängen bestehende etwas unregelmässige Spirale auf, welche aus niedrigen reitenden Kammern besteht, die einander stark umfassen, so dass der Nucleus von aussen nicht sichtbar ist, obschon die Mitte des Gewindes nicht verdickt ist. Der letzte Umgang besteht aus 3—4 Kammern, die äusserlich durch schmale und schwache Einsenkungen abgegränzt sind. Die letzte Kammer hat eine etwas eingedrückte Vorderwand, welche unten, dem vorhergehenden

Umgang unmittelbar aufliegend, die gekrümmt spaltförmige Mündung trägt, welche 0,20 ^{mm} lang und 0,02 ^{mm} hoch ist. Die Mündungen der verdeckten Kammern sind durchaus gleich gestaltet. Die Oberfläche der Schale ist aussen und innen vollständig glatt und glänzend. In der Schalenmasse finden sich indessen zahlreiche Quarzsplitter, seltener Glaukonitkörner eingeschlossen, deren Grösse höchstens 0,07 ^{mm} beträgt, im Durchschnitt 0,03 ^{mm}. Die Struktur der übrigen Schalensubstanz ist dieselbe, wie die des Cementes der *Lituola-* resp. *Haplophragmium*-Arten, und von Schalenporen ist niemals etwas zu bemerken, so dass die vorliegende Form sicher zu den Imperforaten gehört.

Die Höhe des Gehäuses schwankte zwischen 0,56 und 1,36 ^{mm}, die Breite zwischen 0,51 und 1,20 ^{mm}, die Dicke zwischen 0,47 und 1,09 ^{mm}.

Die Art hat viel Aehnlichkeit mit *Nonionina bulloides* D'ORB. (For. des Wiener Beckens p. 107, tab. 5, fig. 9, 10), ist indessen ohne Poren, und daher keine *Nonionina.*

Untersucht wurden 109 Exemplare.

Vorkommen: Kreidemergel ohne Feuersteine am Friedrichsberg und Schneeberge, an beiden Orten ziemlich selten.

4. Haplophragmium grande REUSS.

Taf. IV, Fig. 31 — 40.

1854. *Spirulina grandis* REUSS, Sitzungsber. der K. K. Academie Wien, p. 69, tab. 25, fig. 14.

Die verhältnissmässig sehr grosse Anfangskammer ist kugelig, und hat einen Durchmesser von 0,33 — 0,44 ^{mm}. Ueber derselben entwickeln sich zahlreiche reitende Kammern, die sich weit umfassen, seitlich nicht zusammengedrückt, und daher ungekielt sind. Dieselben haben nur eine geringe Grösse, und bilden ein stark eingewickeltes, nahezu in einer Ebene liegendes Gewinde, dessen Nabel meist etwas verdickt ist. Bis zu 23 Kammern folgen meist der spiralen Anordnung, dann aber streckt sich das Gehäuse, und bis zu 5 weitere Kammern haben eine geradlinige Anordnung. Dieselben sind von kreisförmigem Querschnitt, sehr niedrig, und, wie auch die Kammern der Spira, äusserlich durch deutliche Furchen von einander abgegrenzt. Das ganze Gehäuse hat etwa die Gestalt einer bauchigen Flasche. Die Mündung liegt in der Mitte der schwach eingesenkten oberen Fläche, und besteht aus 2—4 runden oder spaltförmigen Oeffnungen. Ist indessen nur der spirale Theil vorhanden, so ist die Endfläche nicht eingedrückt, sondern etwas gewölbt, und die Mündung liegt auf der inneren Seite (Fig. 33). Die Oeffnungen der verdeckten Kammern sind ähnlich gestaltet (Fig. 31, 32, 35). Die Schale besteht aus Quarzsplittern von höchstens 0,18 mm Grösse, seltener fanden sich rundliche Glaukonitkörner von 0,18 — 0,27 mm grösster Länge. Aussen ist die Schale sehr rauh, innen dagegen glatt. Wie Schliffe zeigen, ist die Innenfläche der Kammern mit einer besonderen, schmelzartigen Kalklage überzogen.

Die meisten Exemplare bestehen nur aus dem spiralen Theile, die mit gestrecktem Theil sind geradezu selten. Die kleinsten beobachteten Exemplare hatten 9 Kammern.

Die Abmessungen der grössten Exemplare betrugen: Länge 4 mm, Breite oben 1,50, unten (an der Spira) 2,10—3,10 mm, Dicke oben 1,50, unten 2 mm.

Untersucht wurden 453 Exemplare, unter denen nur 8 waren, die mehr wie 2 gestreckte Kammern besassen.

Vorkommen: Bis jetzt nur in den glaukonitreichen unteren Mucronatenmergeln am Preussberg.

5. Haplophragmium inflatum BEISSEL.

Taf. IV, Fig. 41—45.

Anfangskammer klein, kugelig, von 0,07 — 0,09 mm Durchmesser. Doch muss bemerkt werden, dass es nur in wenigen Fällen gelang, dieselbe in Schliffen zu beobachten. Ueber derselben folgt der aus 2 Umgängen bestehende spirale Theil des Gehäuses, und über diesem folgen 4 grosse, blasenförmige Kammern, welche die vorhergehenden umfassen, äusserlich durch Furchen deutlich abgegränzt sind, und einen Querschnitt haben, der einem vierblätterigen Kleeblatt gleicht. Die Kammern des spiralen

2*

Theiles sind äusserlich nicht geschieden. Die spaltförmige Mündung liegt in der Mitte der 4 grossen Kammern, in einer Einsenkung, die durch die Neigung der Wand entsteht, und zwar in der Vorderwand der letzten Kammer, so dass sie die Oberfläche der gegenüber liegenden Kammer berührt (Fig. 42, 45). Ein eigentlicher gestreckter Theil fehlt, und hat die Schale im äusseren viel Aehnlichkeit mit gewissen Globigerinen. Der spirale Theil ist äusserlich nur sehr selten wahrnehmbar. Die Schale zeigt niemals Spuren von Poren, sie besteht aus bis zu 0,14, im Durchschnitt 0,09 ^{mm} grossen Quarzsplittern, welche durch ein kalkiges Cement äusserst fest verkittet sind.

Bei Exemplaren vom Friedrichsberg beobachtet man häufig im Innern der Kammern einen rauhen Ueberzug aus Kalkspath-Krystallen, derselbe ist wohl als nachträgliche, anorganische Bildung anzusehen. Sonst ist die Innenfläche der Kammer von gleicher Beschaffenheit wie die Aussenfläche, also rauh, und von einer inneren Schmelzlage wie bei *II. grande* ist nichts zu sehen. Die Beobachtung wurde gemacht an 300 Exemplaren.

Vorkommen: Kreidemergel am Friedrichsberg, ziemlich häufig (242 Ex.), Vaals und Branderberg, selten (38 u. 20 Ex.). Die Exemplare des Branderberges unterscheiden sich von denen der anderen Localitäten durch geringe Grösse, wie dies auch schon bei anderen Arten bemerkt wurde. Die grössten Stücke vom Branderberg waren 0,65 ^{mm} lang, die kleinsten vom Friedrichsberg 0,99 ^{mm}, die grössten von letzterer Stelle 1,49 ^{mm}.

Genus Polyphragma Reuss.

Polyphragma variabile d'Orb. sp. [1]).

Taf. II, Fig. 46—53.

1840. *Bulimina variabilis* d'Orb., Foram. d. l. craie blanche p. 40, tab. 4, fig. 9, 10.
1846. » » Reuss, Böhmische Kreide p. 37, tab. 8, fig. 77.

Die kugelige Anfangskammer hat einen Durchmesser von 0,07—0,13 ^{mm}. Die folgenden Kammern sind klein, und ordnen

[1]) Reuss hat im Jahre 1875 für seine *Bulimina variabilis* eine besondere Gattung, *Ataxophragmium*, errichtet (Geinitz, das Elbthalgebirge in Sachsen II,

sich nach Art der Guttulinen und Globulinen zu einer unregelmässigen Spirale. Dann folgen niedrige, hufeisenförmige Kammern, welche eine Spirale bilden, welche die vorhergehenden Theile des Gehäuses meist völlig umfasst und verdeckt. Stets wird der Boden einer Kammer durch die Oberfläche der vorhergehenden gebildet. Die Mündung ist halbmondförmig, 0,22—0,36 mm lang, 0,03—0,04 mm weit (Fig. 50, 51), und liegt in einer kleinen, aber ziemlich tiefen Einsenkung der vorderen Wand der letzten Kammer. Die Oeffnungen der verdeckten Kammern sind ganz ähnlich gestaltet. Während der innere Raum der älteren Kammern vollständig der äusseren Gestalt entspricht, besitzen die jüngeren zahlreiche, radial gestellte, aber nicht weit in das Innere vorragende, sternleistenartige Septen (Fig. 52).

Das Cement, welches die Quarzsplitter der Schale verkittet, ist nur spärlich vorhanden. Diese selbst sind bei den älteren Kammern sehr klein, ihre Abmessungen betrugen 0,005—0,010 mm, während in den späteren Theilen der Schale Splitter von 0,1 mm vorkommen. Silikatkörner sind selten, von Glaukonit wurden nur stengelige und schalige Stückchen, keine Körner beobachtet; dieselben waren nicht vom Thiere zum Aufbau der Schale verwendet worden, sondern hatten sich später während des Fossilzustandes gebildet.

Zuweilen wurden warzenförmige Knospen beobachtet, die keine bestimmte Lage hatten. Nur einmal bestand eine solche Knospe aus mehreren normal gestalteten, bogenförmig angeordneten Kammern.

Die Abmessungen der grössten Stücke waren in den drei Dimensionen 2,18, 1,64 und 1,23 mm, die kleinsten Stücke zeigten nur 0,78, 0,72 und 0,69 mm.

Als besondere Varietät [1]) des *P. variabile* betrachte ich eine ganz involute Nautilus-artige Form (Fig. 46, 47, 53), welche fast

---

p. 124). Jedenfalls ist die hier beschriebene Form nicht festgewachsen, was ein wichtiges Kennzeichen von *Polyphragma* ist. H.

[1]) Es scheint kaum einem Zweifel zu unterliegen, dass diese vom Verfasser als Varietät betrachtete Form eine selbstständige Art darstellt, die neu zu benennen ist, zumal Uebergänge sich nicht in dem Maasse finden, wie bei manchen anderen Formen, und auch die Form im Grünsand nicht vorkommt. H.

die Gestalt des *H. bulloides* hat, sich aber, auch von der Ausbildung der Septen abgesehen, schon äusserlich durch die rauhe Schale unterscheidet. Die Kammern sind äusserlich nur undeutlich abgegränzt, und die halbmondförmige Mündung liegt am inneren Ende der stark eingesenkten vorderen Wand, die Scheidewände sind in der Regel etwas länger, als bei der typischen Form. Die Dimensionen der grössten Exemplare betrugen in den drei Abmessungen 1,38, 1,16 und 1^{mm}.

Vorkommen: Die typische Form findet sich als Seltenheit im Grünsand des Aachener Waldes, des Preussberges und vor dem Königsthor. Häufig dagegen ist dieselbe an allen Fundstellen in den unteren Mucronatenmergeln, besonders am Friedrichsberg. Die seltenen Exemplare vom Branderberg zeichnen sich durch geringe Grösse aus. Untersucht wurden im ganzen 705 Exemplare, darunter 555 vom Friedrichsberg.

Die Varietät wurde bisher im Grünsand nicht gefunden, das Vorkommen im Mergel ist dasselbe wie der typischen Form. Es wurden 280 Exemplare untersucht, darunter 250 vom Friedrichsberg.

Genus Trochamina PARK. u. JON.

Trochamina [1]) recta BEISSEL.

Taf. V, Fig. 1—3.

Das Gehäuse ist stabförmig, *Nodosaria*-artig, und besteht aus höchstens 5, einander mehr oder weniger umfassenden, und äusserlich stärker oder schwächer abgesetzten Kammern, von denen die erste einen Durchmesser von 0,36—0,54^{mm} besitzt. Die Mündung ist bei allen Kammern einfach, rund, und liegt in der Mitte der oberen Fläche; sie ist zuweilen etwas umrandet. Die Schale besteht aus scharfkantigen Quarzsplittern von höchstens 0,13^{mm}

---

[1]) Nach der Diagnose der Gattung *Trochamina* PARK. bei v. ZITTEL (Handbuch I. p. 76) gehört die vorliegende Form nicht zu derselben. Sie gleicht in der Gestalt vollständig der Gattung *Haplostiche* REUSS, es fehlen ihr indessen die Septen, die für diese Gattung besonders charakteristisch sind. H.

Durchmesser, die durch ein kalkiges Cement verkittet sind. Poren fehlen, ebenso secundäre Scheidewände. Die Dimensionen sind: Länge 0,94—1,51 mm, obere Breite 0,33—0,54 mm, untere Breite 0,31—0,54 mm. Untersucht wurden 31 Exemplare.

Vorkommen: Untere Kreidemergel ohne Feuersteine am Schneeberg bei Vaals, selten.

Polymorphina sp. [1]).
Taf. V, Fig. 3—15.

Das Gehäuse gleicht in der Gestalt einer zweizeiligen *Polymorphina*, es besitzt höchstens 23 Kammern, die etwas zusammengedrückt sind, und von denen wenigstens die jüngsten durch deutliche Furchen äusserlich von einander getrennt sind. Bei manchen Exemplaren ist die Anordnung der Kammern etwas unregelmässig (Fig. 7, 10, 13). Die Anfangskammer ist kugelig, klein, von 0,03 — 0,07 mm Durchmesser. Die Mündungen liegen auf der inneren Seite der Endfläche, und haben eine runde bis halbmondförmige Gestalt. Die Schale besteht vorwiegend aus farblosen Quarzsplittern, die durch ein wenig voluminöses Cement fest verkittet sind. Poren und Septen fehlen.

Die Dimensionen betragen: Länge 2,18—2,25 mm, Breite 0,65 bis 0,78 mm, Dicke 0,54—0,63 mm. Untersucht wurden 198 Exemplare.

Vorkommen: Kreidemergel ohne Feuersteine am Friedrichsberg (128 Expl.), Schneeberg (56 Expl.) und Branderberg (14 Expl.). Die Exemplare von letzterem Fundort zeichnen sich durchgehends durch geringe Dimensionen aus.

---

[1]) Es ist klar, dass die vorliegende Form nicht zu *Polymorphina* gehören kann. In seinem Manuscript hat BEISSEL sie als *Polymorphina silicea* M. SCHULZE (Ueber den Organismus der Polythalamien p. 61, Taf. 6, Fig. 10—11) bezeichnet. Im »Aachener Sattel« (p. 138) als *Polymorphina* »sehr ähnlich der *P. silicea* SCH.«. Offenbar gehört die Form in die Nähe der vorher beschriebenen *Trochamina recta* BEISSEL. H.

II. Perforata.

Familie Lagenidae.

Die folgenden Beobachtungen über die Struktur der Schale sind vorzugsweise an lebenden Arten aus dem Mittelmeere angestellt worden, und erwiesen sich dieselben übereinstimmend mit den fossilen Formen von Aachen, soweit bei diesen der Erhaltungszustand eine Untersuchung gestattete.

Die Schalen der Nodosarinen bestehen aus einer wechselnden Zahl von Schichten, welche wie die Jahresringe der Holzpflanzen angeordnet erscheinen, und bei günstiger Erhaltung und entsprechender Beleuchtung schon bei schwacher Vergrösserung wahrnehmbar sind (Taf. I, Fig. 1; Taf. II, Fig. 8—10); ihre Dicke beträgt bei den von mir beobachteten Arten 0,007—0,043 ^{mm}. Die einzelnen Schichten scheinen ursprünglich durch dünne Lagen organischer Substanz von einander getrennt gewesen zu sein, an deren Stelle jetzt Hohlräume vorhanden sind. Es geht dies daraus hervor, dass man oft bei künstlich hergestellten Steinkernen die Ausfüllung dieser Hohlräume in Form von dünnen Kiesellamellen beobachtet. Bei starker Vergrösserung (1000 : 1) sieht man in den einzelnen Schalschichten eine wechselnde Menge paralleler, dunkler Linien, welche anzudeuten scheinen, dass jede Schicht wieder aus mehreren Lagen besteht.

Gegen den Nucleus zu nimmt die Dicke der Schale im Allgemeinen zu, und mit ihr die Anzahl der Schichten, woraus hervorgeht, dass wohl WILLIAMSON's Ansicht über die Entstehung dieser Schalenlagen die richtige ist, dass dieselben nämlich auf der Schalenoberfläche abgelagert wurden. Die Anzahl der Schalenlagen stimmt indessen nicht mit der Anzahl der Kammern, wie dies WILLIAMSON will, sondern einkammerige Exemplare besitzen oft bereits mehrere Schichten.

Die Weite der dicht stehenden Schalenporen variirt nur sehr wenig, sie betrug 0,001 — 0,002 mm. Am zahlreichsten sind die Poren in den Aussenwänden der Kammern, sie finden sich aber nur in geringer Zahl in den Zwischenwänden derselben (Taf. II, Fig. 9). An der Ansatzstelle einer neuen Kammer sind die Poren natürlich verschlossen, und auch um diese Ansatzstelle werden in einem schmalen Ring die Poren verstopft (Taf. II, Fig. 4). Bei längsgerippten Arten drängen sich die Poren stets in den Furchen zusammen, in den Rippen selbst beobachtet man nur spärliche, sehr undeutliche Poren, von denen nur ausnahmsweise eine bis zur Oberfläche durchgeht (Taf. I, Fig. 1). Aehnlich verhalten sich die Poren in dem Stachel, den manche Arten besitzen, der auch nur von wenigen verworrenen und verwirrten Röhrchen durchsetzt wird (Taf. I, Fig. 1; Taf. II, Fig. 6).

Die Substanz der Schale scheint zunächst ganz homogen zu sein. Jedoch erscheinen Schliffe, die durch Kochen mit Kalilauge und Glühen von aller organischen Substanz befreit sind, bei gekreuzten Nikols hell, während die organischen Häutchen, welche nach dem Behandeln der Schalen mit Salzsäure erhalten wurden, dunkel erschienen. Hierdurch wird die Angabe EHRENBERG's bestätigt, nach der die Schalen der Polythalamier eine krystallinische Struktur besitzen. Bei starker Vergrösserung schienen besonders diejenigen Stellen, an denen nur spärliche Schalenporen vorhanden waren, eine feinkörnige Struktur zu besitzen. Die Körner schienen sehr ähnlich denen, welche man erhält, wenn man, wie RAINEY angiebt [1]), in einer Gummilösung enthaltene Kalksalze durch kohlensaure Alkalien fällt, so dass vielleicht die Bildung der Nodosarien-Schale auf einem ähnlichen Vorgang beruht. Zuweilen lagert sich auch in den Poren Schalsubstanz ab, und füllt dieselben ganz aus, was besonders dann geschieht, wenn die Mündung einer solchen Pore irgendwie verstopft wird. Es bestätigt dies die Angaben von PARKER und JONES, dass die fibulöse Struktur zuweilen in die dichte übergehe.

---

[1]) Quat. Journ. of microsc. sciences 1861, p. 23.

II. Perforata.

Bei fast allen Formen der Aachener Kreide, welche darauf hin untersucht wurden, zeigten sich die meisten Schalenporen vollständig durch Kalk oder Kieselsubstanz ausgefüllt, was durch den Fossilificationsprocess bewirkt wurde. Häufig ist hierbei auch der den Porenwandungen zunächst liegende Theil der Schale verändert worden, was sich gut bei durchfallendem Lichte sehen lässt. Solche Schliffe scheinen dann eine faserige Structur zu besitzen. Einzelne Poren sind aber stets offen, was an Schliffen, besonders gut aber an Steinkernen zu sehen ist.

Zuweilen finden sich in der Schale stark doppelbrechende Splitter von Kieselsäure oder Silikaten eingebettet. Es ergab indessen die Untersuchung, dass diese Splitter sich durch einen späteren Umwandlungsprocess bildeten, und daher eine andere Natur wie die Quarzsplitter in der Schale der Cornuspiriden besitzen. Bei Besprechung der *D. Lorneyana*, bei der solche Gebilde besonders häufig sind, wird hierauf zurückzukommen sein.

Sämmtliche Nodosarinen besitzen eine kugelige, eiförmige oder ellipsoidische Anfangskammer, die folgenden Kammern sind ähnlich gestaltet, und tragen auf einem warzenförmigen Vorsprung die Mündung, welche bei der Endkammer aus radial gestellten, keilförmigen Spaltöffnungen, selten aus einem Bündel rundlicher Röhrchen besteht. Bei den verdeckten Kammern besteht die Mündung aus einem verschieden weiten, trichterförmigen Loch, an dessen Umrandung oft noch die Reste der ehemals vorhandenen Spalten sichtbar sind.

Die Innenwand der Kammern ist stets glatt, der Hohlraum entspricht im ganzen der äusseren Gestalt.

Eine scharfe Trennung der Gattungen *Glandulina*, *Nodosaria* und *Dentalina* erscheint mir nach dem vorliegenden Material unmöglich. Schliffe zeigen leicht, dass die Einschnürungen zwischen den einzelnen Kammern oft durch herabreichende Verdickungsschichten ausgefüllt werden, so dass aus typischen Nodosarien im Alter Glandulinen werden. Das Maass, in dem die Kammern sich umfassen, ändert nicht selten bei demselben Exemplar beträchtig ab, so dass ich die für *Glandulina* als charakteristisch angesehenen Eigenschaften zur Trennung nicht für ausreichend erachte, und mit PARKER und JONES denselben nicht einmal für die

Species-Bestimmung eine besondere Bedeutung beimessen kann[1]). Etwas konstanter sind die Merkmale für *Dentalina*, die gebogene Schale und die seitliche Mündung, wenngleich auch hier mannichfache Uebergänge vorhanden sind. Auch die zur Begränzung der Arten gewöhnlich benutzten Merkmale unterliegen vielen Schwankungen, so die Grösse, Zahl und Gestalt der Kammern, die Trennung derselben, die Dicke der Schale, die Ausbildung von Längsrippen und ein etwa vorhandener Stachel. Es mag daher besonders betont werden, dass die im folgenden festgehaltenen Unterscheidungen nur für das von mir untersuchte Material Geltung haben, sich aber bei Untersuchung reicheren Materials als bedeutungslos erweisen können.

1. Glandulina cylindracea Reuss[2]).

Taf. V, Fig 1 — 54; Taf. VI, Fig. 1 — 6.

1845.	*Nodosaria cylindracea* Reuss, Verstein. d. böhm. Kreide I, p. 215, tab. 13, fig. 1, 2.	
1856.	»	*incerta* Neugeboren, Foramin. aus der Ordnung der Stichostegier von Ober Lapugy in Siebenbürgen. Denkschriften d. mat. nat. Klasse d. K. K. Acad. Bd. XII, p. 8, tab. 1, fig. 10 u. 11.
1856.	»	*Beyrichi* id. ibid. p. 8, tab. 1, fig. 7—9.
1857.	*Glandulina candela* Egger, Foramin. d. Miocän-Schichten von Ortenburg p. 51, tab. 11, fig. 28 — 29.	
1857.	»	*aequalis* id. ibid. tab. 11, fig. 26.
1860.	»	*cylindracea* Reuss, Foramin. der westfälischen Kreide p. 46, tab. 4, fig. 1.
1875.	»	» Reuss in Geinitz, Das Elbthalgebirge II, p. 89.

Anfangskammer tropfenförmig, von sehr verschiedener Grösse, äusserlich glatt, ohne Stachel. Spätere Kammern, bis zu sechs, glatt, bald durch kaum wahrnehmbare Linien, bald durch deutliche Einschnürungen von einander getrennt.

Längsachse des Gehäuses gerade, selten schwach gebogen, oder unregelmässig wellenförmig. Mündung auf einem warzen-

---

[1]) Diese Ansicht scheint J. Beissel später etwas geändert zu haben, da er im »Aachener Sattel« die folgende Art, welche er in seinem Manuscript als *Nodosaria* beschreibt, als *Glandulina cylindracea* aufführt, welcher Name daher auch hier angewandt ist.

[2]) Vergl. die vorstehende Bemerkung.

förmigen Vorsprung gelegen, aus radial gestellten Spaltöffnungen bestehend.

Gl. cylindracea ist eine im hohen Grade veränderliche Art. Oft umfassen sich die einzelnen Kammern soweit, dass sie äusserlich nicht von einander zu unterscheiden sind, während andere Exemplare, welche mit diesen durch alle Uebergänge verbunden sind, deutliche Einschnürungen zeigen. Bei den erstgenannten Formen stehen die Kammern untereinander durch eine weite Oeffnung in Verbindung, welche durch Resorption nicht bloss des warzenförmigen, die Mündung tragenden Vorsprunges, sondern eines grösseren Theiles der Schale entstanden scheint (Taf. VI, Fig. 6). Bei den meisten Exemplaren, welche Einschnürungen zeigen, stehen die Kammern untereinander durch wesentlich engere Oeffnungen, die mitunter noch Andeutungen einzelner Spalte zeigen, in Verbindung (Taf. VI, Fig. 5). Dennoch lassen die beiden Formenkreise sich nicht von einander trennen, da leicht Reihen gelegt werden können, in denen alle Zwischenformen vorhanden sind, und man zuweilen beide Merkmale an demselben Individuum vereinigt findet (*Gland. elongata* REUSS). Ebenso wenig lassen sich aber auch diejenigen Formen, bei denen durch schnellere Breitenzunahme der Kammern eine mehr ellipsoidische Gestalt entsteht, von solchen, die fast cylindrisch sind, trennen, da auch in dieser Beziehung alle Uebergänge vorhanden sind, und Exemplare vorkommen, welche anfangs oval, später cylindrisch sind. Bei den künstlich angefertigten Steinkernen zeigt sich dieser Uebergang deutlicher, weil bei beschalten Exemplaren durch Auflagerung von Schalensubstanz auf der Oberfläche noch später Veränderungen entstehen können.

Bereits REUSS erwähnt gekrümmte Exemplare. Ich fand solche bei allen im Vorstehenden erwähnten Varietäten, und daneben auch solche Exemplare, bei denen die Axe wellenförmige Biegungen macht (Fig. 51. 52). Solche Formen sind wohl als besondere Arten unterschieden worden (*Gl. inaequalis* EGGER), die aber durch die Menge der Uebergänge unhaltbar werden.

Als Abnormität kommen Exemplare vor, deren Schalen zwischen den Spältchen der Mündung stark verdickt sind (Taf. VI, Fig. 4).

II. Perforata.

Manchmal waren auch die Spältchen ganz verschlossen. In diesem Falle hatte sich jedoch eine normal gestaltete, neue Mündung gebildet, einmal an der Anfangskammer, das andere Mal seitwärts, auf einem knospenförmigen Vorsprung.

Dimensionen der Schalen: Länge der einkammerigen 0,73 bis 1,62^{mm}, der zweikammerigen 1,16—2,25^{mm}, der dreikammerigen 1,64—2,50^{mm}, der vierkammerigen 1,74—3,26^{mm}, der fünfkammerigen 2,00—3,00^{mm}, der sechskammerigen 2,5—3,00^{mm}, der siebenkammerigen 3—4^{mm}.

Breite der Anfangskammern: 0,54—1,37^{mm}.

Die Beobachtung wurde gemacht an 818 Exemplaren, darunter nur 16 mit 5, 6 mit 6 und 4 mit 7 Kammern.

Vorkommen: Sehr selten im Grünsand an der Lütticher Landstrasse. Sehr häufig allenthalben in den Kreidemergeln ohne Feuerstein.

2. Glandulina laevigata d'Orb.

Taf. VI, Fig. 7—9.

Nodosaria laevigata d'Orb., Die fossilen Foraminiferen des Wiener Beckens, p. 29, tab. I, fig. 4, 5.

»   »   Parker und Jones, Foraminiferen der Küste Norwegens, Taf. X, Fig. 6.

Bei Vaals finden sich sehr selten Exemplare einer *Glandulina*, die der von d'Orbigny als *Gl. laevigata* beschriebenen Art sehr nahe steht. Sie gleichen vollständig der Form, welche von Parker und Jones zu der Wiener tertiären Art gezogen wurden. Von d'Orbigny's Figuren unterscheiden sich die Aachener Stücke dadurch, dass sie bei gleicher Kammerzahl die doppelte Grösse, und eine kleinere Anfangskammer haben, dass sie nicht selten Einschnürungen zwischen den letzten Kammern zeigen, und dass diese Kammern sich nicht immer geradlinig aneinander reihen. Doch sind diese Unterschiede nicht ganz beständig und konnte ich mich daher nicht zu einer Trennung entschliessen.

Wegen des geringen mir vorliegenden Materials — es liegen mir nur 9 nicht sonderlich gut erhaltene Stücke vor — bleibt indessen die hier gegebene Bestimmung zweifelhaft.

Länge der Exemplare von 6 — 7 Kammern: 1,03 — 1,45^{mm}.
Breite der ersten Kammer 0,18^{mm}, der letzten 0,36^{mm}.

Vorkommen: Kreidemergel ohne Feuersteine am Fuss des Schneeberges bei Vaals.

Nodosaria Zippei Reuss.

Taf. VI, Fig. 10—29; Taf. XVI, Fig. 32.

1845. *Nodosaria Zippei* Reuss, Böhmische Kreide I, p. 25, tab. 8, fig. 1 — 3.
1860. » » » Foraminiferen der westfäl. Kreide, p. 36.
1875. » » » in Geinitz, Elbthalgebirge II, p. 79.

Anfangskammer kugelig, von 0,29 — 0,76^{mm} Durchmesser. Die folgenden Kammern nehmen entweder gleichmässig an Grösse zu, oder es haben die zweite und dritte Kammer einen geringeren Durchmesser, als die erste, und erst von der vierten an beginnt ein regelmässiges Wachsthum. Der Grad dieses Wachsthums ist verschieden, daher haben die Gehäuse keine gleichmässig sich verbreiternde Gestalt. Einschnürungen pflegen zwischen den jüngeren Kammern scharf, zwischen den älteren dagegen weniger deutlich zu sein; indess sind in dieser Beziehung die mannigfachsten Unterschiede vorhanden, da sich Exemplare mit gleichmässigen und tiefen Einschnürungen neben solchen finden, die kaum Andeutungen derselben zeigen. Alle Uebergänge sind hier vorhanden. Ebenso finden sich alle Uebergänge zwischen den angegebenen beträchtlichen Verschiedenheiten in den Dimensionen der Anfangskammer. So konnte ich 20 sonst ganz gleiche Exemplare zusammenlegen, bei denen die Anfangskammer je um 0,02^{mm} grösser war. Auch eine Grössenabnahme der zweiten Kammer kann keine Trennung veranlassen, da auch in dieser Hinsicht die allmähligsten Uebergänge vorkommen, und manchmal Exemplare gefunden werden, bei denen auch später noch an Grösse abnehmende Kammern vorkommen.

Die Oberfläche ist mit 9—25 oft geflügelten Längsleisten bedeckt, welche sich oft, besonders bei sich stark verbreiternden Exemplaren durch Einschiebung neuer vermehren, und am Nucleus in einen stumpfen, kurzen Stachel vereinigen. Reuss giebt nur 7 bis 14 Rippen an, ich beobachtete keine Exemplare, die weniger wie 9 Rippen auf der ersten Kammer besassen. Oft finden sich zwischen den Rippen schwache Zwischenleisten, welche auch Reuss erwähnt. Die Mündung liegt central, auf einer kurzen, vorgezogenen Spitze, und besteht aus einer verschieden grossen Anzahl von radialen Spalten (Fig. 20, 22).

Die Anzahl der Kammern beträgt bei vollständigen Exemplaren bis zu 12, doch deuten Bruchstücke darauf hin, dass bis über 20 Kammern vorhanden sein können. Reuss giebt 20—30 an. Als Abnormität kommen selten Exemplare mit mehreren Stacheln an der Anfangskammer vor (Taf. VI, Fig. 24, 25).

Länge der Exemplare mit 7 Kammern 2,5—5^{mm}, von 6 Kammern 1,75—3,5^{mm}. Exemplare von grösserer Kammerzahl haben im allgemeinen auch grössere Länge, doch wurden auch Stücke beobachtet, die bei gleicher Kammerzahl einander um das Doppelte an Länge übertrafen.

Die Beobachtungen wurden an 80 Exemplaren gemacht.

Vorkommen: Allenthalben im Kreidemergel ohne Feuerstein, nicht häufig.

Dentalina monile v. Hag.

Taf. VI, Fig. 30—40.

1842. *Nodosaria monile* v. Hag, Monographie der Rügener Kreideverst., p. 568.
1845. *Dentalina monile* Reuss, Böhmische Kreide I, p. 27, tab. 8, fig. 7.
Dentalina globuligera Neugeboren, Foraminiferen von Ober-Lapugy, p. 17, tab. 2, fig. 10.

Anfangskammer kugelig, glatt, ungestachelt, von 0,51—1,14^{mm} Durchmesser. Folgende Kammern kugelig bis oval, bald gleichmässig, bald unregelmässig zunehmend, manchmal sogar abnehmend, Anordnung derselben meist in flachem Bogen, zuweilen fast geradlinig, Einschnürungen meist tief. Oberfläche glatt, Mündung etwas seitlich gelegen, auf einem kurzen Vorsprung, aus radialen Spältchen bestehend.

Zwischen den Formen, deren Anfangskammer von 0,51 bis 0,8^{mm} beträgt, finden sich leicht alle möglichen Uebergänge, nicht dagegen zwischen diesen und den 2 kammerigen Exemplaren, deren Anfangskammer 1,14^{mm} Durchmesser besitzt (Fig. 35). Doch konnte dieser Grössenunterschied allein eine Trennung nicht veranlassen. In Bezug auf das Wachsthum der aufeinander folgenden Kammern gelten die gleichen Bemerkungen, wie bei *Nodosaria Zippei*, zwischen den mannichfaltigsten Verschiedenheiten finden sich alle Uebergänge.

Die Zahl der Kammern steigt bis 9, meist finden sich Exemplare von 3—6 Kammern. Die Länge beträgt in maximo bei 9 Kammern 6^{mm}. Zuweilen finden sich Stücke von 2 Kammern, die länger sind, wie andere mit 5 solchen, obschon im Allgemeinen die Länge der Schale mit der Zahl der Kammern zunimmt.

Als Abnormität finden sich manchmal zwischen normal gebildeten, ganz unregelmässig gestaltete Kammern.

Zusammen mit der besprochenen Form kommen nicht selten Exemplare vor, welche viel schneller an Grösse zunehmen (Fig. 31) so dass der Durchmesser der achten Kammer 3,5 mal so gross ist, wie der der Anfangskammer, welch' letztere ausserdem einen sehr feinen nadelförmigen Stachel trägt, welcher bei der Normalform niemals beobachtet wurde [1]).

Die Beobachtungen wurden gemacht an 249 Exemplaren, darunter ca. 30 der letzt besprochenen Form.

Vorkommen: Kreidemergel ohne Feuerstein, allenthalben. Unterschiede an den verschiedenen Fundorten wurden nicht beobachtet.

Dentalina communis d'Orb.

Taf. VI, Fig. 41—65.

1839. *Dentalina communis* d'Orb., Craie blanche, p. 13, tab. 1, fig. 4.
1875.   »   »   Reuss, Elbthalgebirge II, p. 87, cum. syn.

Anfangskammer kugelig, glatt, von 0,14—0,42^{mm} Durchmesser, mit oder ohne Stachel. Folgende Kammern seitlich oft etwas zusammengedrückt, glatt, meist ohne deutliche Einschnürungen, oft aber auch deutlich abgesetzt. Mündung seitlich.

Die normale Form, wie sie d'Orbigny (l. c.) abbildet, hat schwach comprimirte Kammern, einen Stachel und undeutliche

[1]) Diese Form dürfte wohl eine selbstständige Art sein.   H.

Näthe, nur die letzte Kammer ist deutlich abgeschnürt (Fig. 45, 46). Neben diesen kommen aber auch Exemplare vor, bei denen 2, 3, 4 und mehr Kammern deutlich abgeschnürt sind, und alle Uebergänge zu solchen, bei denen zwischen allen Kammern deutliche Näthe sich befinden (Fig. 52) und auch solche, die überhaupt keine Nath zeigen. Eine Trennung lässt sich daher hierauf nicht begründen, ebenso wenig wie darauf, dass die Kammern seitlich etwas zusammengedrückt sind, oder nicht. Der Unterschied der beiden Durchmesser einer Kammer ist stets ein geringer, er betrug höchstens 0,16, meistens nur 0,10^{mm}, und kommen alle Uebergänge zu vollkommen kugeligen Kammern vor, auch finden sich Stücke, bei denen die einzelnen Kammern in verschiedenem Maasse zusammengedrückt sind. Schwieriger zu beantworten ist die Frage, ob das Fehlen oder Vorhandensein eines Stachels eine Trennung erfordert. Hierüber können meines Erachtens nur Beobachtungen am lebenden Thier entscheiden; ob solche angestellt wurden, ist mir nicht bekannt.

Da mir alle die Formen, die eben aufgeführt sind, sowohl gestachelt wie ungestachelt vorliegen, so rechne ich auch diese letzteren vorläufig derselben Art zu.

Die Zahl der Kammern beträgt 9 — 17, REUSS giebt nur 6 — 9 an. Die Länge beträgt 1,5 — 4,0^{mm}, und die Breite, an der vorletzten Kammer gemessen, bis 0,54^{mm}.

Bei allen Abänderungen kommen Exemplare vor, die um $^1/_3$ grösser sind, wie andere, von der gleichen Kammerzahl. Exemplare mit verschieden grosser Anfangskammer haben im allgemeinen auch eine gleich grosse letzte Kammer. Abnormitäten wurden nicht selten beobachtet, wie: verkrüppelte Kammern (Fig. 61), fehlende Scheidewände zwischen zwei Kammern (Fig. 60), sowie Exemplare mit unregelmässig gebogener oder geknickter Axe (Fig. 65).

Die Beobachtungen wurden gemacht an 543 Exemplaren.

Vorkommen: Allenthalben im Kreidemergel ohne Feuerstein häufig. Verschiedenheiten an den verschiedenen Fundorten wurden nicht beobachtet.

3. Dentalina Lorneii D'ORBIGNY.
Taf. VII, Fig. 1—9.

1839. *Dentalina Lorneiana* D'ORBIGNY, Craie blanche p. 14, tab. 1, fig. 8, 9.
1875. *Nodosaria Lorneiana* REUSS, Elbthalgebirge II, p. 86. cum syn.

Anfangskammer ellipsoidisch, $1^1/_3 - 2^1/_2$ mal so lang wie breit, glatt, mit Stachel. Spätere Kammern fast cylindrisch, glatt, nur schwach an Breite zunehmend, durch breite, nicht sehr tiefe Näthe getrennt, so dass das Gehäuse sehr schlank ist; die Krümmung ist schwach.

Die einzelnen Kammern stehen mit einander durch runde Oeffnungen in Verbindung, die Mündung befindet sich auf einer nicht ganz centralen Spitze, und besteht aus einer grösseren Menge siebartiger, feiner Poren (Fig. 4); dieselbe konnte indessen nur bei drei Exemplaren beobachtet werden, und stellt vielleicht nur eine Abnormität dar, ähnlich wie sie bei manchen Polymorphinen vorkommt. REUSS giebt eine runde Mündung an. Der Stachel variirt in seiner Form beträchtig, manchmal ist er nadelförmig, scharf abgesetzt, manchmal allmählich in die Schale übergehend. Zuweilen ist die Dicke der Schale beträchtig, bis vier mal so gross wie der Durchmesser des Hohlraums.

Als Abnormitäten wurden beobachtet: ungewöhnliche Verdickungen einzelner Schalentheile (Fig. 7), welche nachweislich durch eine Ausbesserung der Schale bei äusseren Verletzungen entstanden waren, ferner geringere Breite späterer Kammern, was stets seinen Grund in geringerer Schalendicke hat, sowie ein Exemplar mit doppeltem, und fast kugeligem Nucleus ohne Stachel (Fig. 8). In einem Falle aussergewöhnlicher Verdickung der Schale an einzelnen Stellen wurden Einlagerungen doppelbrechender, wasserheller Kieselstückchen beobachtet (Fig. 7). Da dieselben den geradlinigen Verlauf der Schalenporen, sowie die Lage der Verdickungsschichten in keiner Weise beeinflussen, so lassen sie sich allein durch eine spätere Umwandlung der bereits in das Gestein eingebetteten Schale, nicht durch Einlagerung bei Bildung der Schale erklären.

Länge der Exemplare $3-8^{mm}$, Breite $0,27-0,72^{mm}$.

II. Perforata. 35

Untersucht wurden 121 Exemplare, die jedoch bis auf 3 sämmtlich zerbrochen waren.

Vorkommen: Kreidemergel ohne Feuersteine auf dem Friedrichsberg und bei Vaals am Fusse des Schneeberges.

4. Dentalina incrassata BEISSEL.

Taf. VII, Fig. 10—13.

Anfangskammer kugelig, von 0,36—0,54 ^{mm} Durchmesser, mit einem an der Ansatzstelle stark verbreiterten Stachel. Spätere Kammern ziemlich rasch wachsend, durch Einschnürungen von einander getrennt, welche auf der concaven Seite der schwach gebogenen Schale tiefer zu sein pflegen, als auf der convexen; die aus feinen Spaltöffnungen bestehende Mündung liegt ganz nach der concaven Seite hin gerückt. Die letzte Kammer ist stets glatt, die älteren tragen eine grössere Anzahl sehr feiner Längsrippchen, welche einen etwas unregelmässigen Verlauf haben, sich aber im allgemeinen schräge um die Schale herum ziehen, und sich durch Einschiebung vermehren. Da auch die aus wenigen Kammern bestehenden Exemplare eine glatte Endkammer haben, so muss sich die Streifung später durch Ablagerung von Schalensubstanz auf der Oberfläche bereits fertiger Kammern bilden.

Die beobachteten Exemplare besassen 6—10 Kammern, und hatten eine Länge von 2,75—5,50 ^{mm}, eine Breite der letzten Kammer von 0,82—1,11 ^{mm}.

Vorkommen: Selten im Kreidemergel ohne Feuerstein au dem Friedrichsberg und bei Vaals am Fusse des Schneeberges. Untersucht wurden 17 Exemplare.

5. Dentalina propinqua BEISSEL.

Taf. VII, Fig. 14—27.

Anfangskammer kugelig, von 0,27—0,45 ^{mm} Durchmesser, ungestachelt. Folgende Kammern wenig höher wie breit, bald

3*

schneller, bald etwas langsamer an Breite zunehmend. Auch die Richtung, in der sie aufeinander folgen, unterliegt einigen Schwankungen, so dass das Gehäuse mehr oder weniger schlank, sowie stärker oder schwächer gebogen erscheint. Die Mündung liegt subcentral, die Einschnürungen sind deutlich. Die letzte Kammer ist, wie bei der vorigen Art, glatt, und trägt nur ausnahmsweise auf ihrem unteren Theile Andeutungen von Rippen. Die übrigen Kammern tragen 10—30 gerundete oder geflügelte Längsrippen, die sich durch Einschiebung vermehren, und im Allgemeinen auf der Mitte der Kammern am kräftigsten sind. Zuweilen haben sie auch überall gleiche Stärke, besonders bei jungen Exemplaren, und ihr Verlauf ist gewöhnlich etwas schräge, manchmal unregelmässig.

Die Anzahl der Kammern beträgt 7—13. Exemplare von 12 Kammern hatten eine Maximallänge von 6, solche von 7 Kammern eine Minimallänge von 2^{mm}. Stücke von 10 Kammern schwanken zwischen $2{,}75 — 4^{mm}$. Der Durchmesser der letzten Kammer differirt bei Exemplaren von 8 Kammern von $0{,}36 — 0{,}76^{mm}$. Im Allgemeinen sind Exemplare von mehr Kammern die grösseren, doch kommt auch das Umgekehrte vor.

Als Abnormitäten wurden beobachtet: Exemplare mit knospenförmigen Auftreibungen (Fig. 18, 27), solche, bei denen sich unter rechtem Winkel normale Kammern abzweigen (Fig. 19, 25) und endlich solche, die in entgegengesetzter Richtung weiter gewachsen sind (Fig. 26). Offenbar haben alle diese Unregelmässigkeiten Verletzungen der Schale zur Ursache.

Untersucht wurden 270 Exemplare.

Vorkommen: Grünsand an der Lütticher Strasse, auf der Höhe des Aachener Waldes (100 Exemplare). Kreidemergel ohne Feuerstein auf dem Friedrichsberge und bei Vaals. Die Exemplare aus dem Grünsand unterscheiden sich durch im allgemeinen kleineren Nucleus (in minimo $0{,}13^{mm}$), durch oft gedrängter stehende Rippen, und dadurch, dass zuweilen auch die verletzte Kammer glatt ist.

6. Dentalina acuta d'Orb.

Taf. VII, Fig. 28—52.

Dentalina acuta d'Orb., Foraminiferen des Wiener Tertiärbeckens p. 57, tab. 2, fig. 40—43.

Anfangskammer kugelig, oder etwas ellipsoidisch, von 0,073 bis 0,24 ^{mm} Durchmesser, mit einem langen nadelförmigen Stachel. Die folgenden Kammern sind im Allgemeinen höher als breit, und durch mehr oder weniger tiefe Näthe von einander geschieden. Ihre Breitenzunahme unterliegt geringen Schwankungen, so dass die Gestalt des Gehäuses etwas veränderlich ist, ebenso der Grad der Krümmung. Die sehr kräftige Sculptur besteht aus 5—13, meistens geflügelten Längsleisten, die sich durch Einschiebung vermehren, und deren Zwischenräume gerundete Rinnen darstellen. — Die Mündung liegt nur wenig seitlich.

Die vorstehend beschriebene Art gehört zu den veränderlichsten der Gattung. Von Exemplaren mit ganz kleinem Nucleus (Fig. 46) finden sich alle Uebergänge zu solchen, bei denen die erste Kammer grösser ist wie die zweite (Fig. 44, 45); ebenso von solchen, bei denen Einschnürungen fast ganz fehlen (Fig. 30) zu solchen, die zwischen allen Kammern deutliche Näthe (Fig. 32) haben. Viele Exemplare haben nur zwischen den letzten Kammern deutliche Einschnürungen (Fig. 28, 29). Die von d'Orbigny als *D. acuta* beschriebene, neogene Form, stimmt mit denjenigen vorliegenden Exemplaren überein, die kegelförmig sind, und bei denen nur die letzte Kammer deutlich abgeschnürt ist (Fig. 30). Ich stehe daher nicht an, die in Vorstehendem beschriebene Form in allen ihren Abänderungen als *D. acuta* zu bestimmen, da sich die verschiedenen Abweichungen nicht von einander trennen lassen.

Die Aachener Exemplare zeigen 8—28 Kammern, und eine Länge von 1½ (8 Kammern) bis 6,5 ^{mm} (ein Exemplar von 21 Kammern). Die grösste Zahl der Längsleisten betrug 19, bei einem Exemplar, dessen Anfangskammer deren 9 besass. Im Allgemeinen haben grössere Exemplare mehr Kammern, doch kommt auch das Gegentheil vor. Es fanden sich solche von 14 Kammern von 3,25—5 ^{mm} Länge, bei 0,36—0,63 ^{mm} grösster Breite.

38　II. Perforata.

Als Abnormitäten wurden beobachtet: Exemplare mit zwei Stacheln, mit verkrüppelten Kammern, mit unregelmässig gekrümmter Axe, sowie ein Stück, bei dem sich am Nucleus eine normale Mündung gebildet hatte.

Vorkommen: Sehr häufig im Grünsand an der Lütticher Strasse im Aachener Wald (274 Exemplare), selten in den Kreidemergeln ohne Feuersteine am Friedrichsberg, Preussberg und bei Vaals (26 Exemplare).

Die Exemplare aus dem Mergel sind in der Regel etwas kräftiger, als die des Grünsandes.

7. Dentalina polyphragma Reuss [1]).

Taf. VII, Fig. 53—65.

Das kräftige, schwach gebogene Gehäuse besitzt bis zu 13 Kammern, meistens nur 7 — 10. Dieselben nehmen langsam an Breite zu, und die letzten derselben sind durch tiefe Näthe getrennt, während zwischen den älteren nur undeutliche Einschnürungen wahrzunehmen sind. Die Mündung liegt wenig seitlich, die Oberfläche ist mit dicht stehenden, feinen, gerundeten Längsrippchen bedeckt, von denen auf der kugeligen, lang gestachelten ersten Kammer 12—26 vorhanden sind, deren Zahl sich aber später bis auf 40 vermehren kann. Diese Rippen sind nur wenig schmaler, wie die Zwischenräume.

Die Art unterscheidet sich von *Nodosaria Zippei* nur durch die Biegung der Schale und die seitlich gelegene Mündung, es wurden indessen keine Uebergänge beobachtet.

Abnormitäten kommen in gleicher Weise vor, wie bei *D. acuta*, so Exemplare mit 2 Stacheln, mit verkümmerten Kammern etc.

---

[1]) In seinem Manuscript bezeichnete J. Beissel diese Art als *D. multilineata*, welcher Namen bereits durch Reuss vergeben ist. Später bestimmte Beissel die Form als *D. polyphragma* (Aachener Sattel p. 138). Diese Art ist indessen verschieden durch stärkere Biegung, schnelleres Wachsthum der in grösserer Zahl vorhandenen Kammern (23), sowie dadurch, dass die Rippen breiter sind, als die zwischen ihnen gelegenen Furchen (vergl. Reuss, Sitzungsber. d. K. K. Acad. Wien 1859, p. 189, tab. 3, fig. 1).　　　　　　　　　　　　　　　　H.

Die Länge betrug höchstens 12 ^{mm} bei 13 Kammern, die grösste Breite 1,5 ^{mm}. Exemplare von 10 Kammern hatten eine Länge von 3,75 — 6,5 ^{mm}, doch sind im Allgemeinen Stücke mit zahlreicheren Kammern auch die grösseren. Der Durchmesser der ersten Kammer schwankt zwischen 0,36 — 0,84 ^{mm}.

Die Beobachtungen wurden an 84 Exemplaren gemacht, von denen indessen nur 40 vollständig waren, namentlich fehlt oft die durch eine tiefe Nath von der vorhergehenden getrennte letzte Kammer.

Vorkommen: Kreidemergel ohne Feuerstein, allenthalben ziemlich selten.

Genus Frondicularia Lam.

Die einzelnen Arten der Frondicularien sind ebenso, wie die fast aller anderen Foraminiferen-Gattungen, im hohen Grade veränderlich, und auch die Gattung selbst steht durch mancherlei Uebergänge mit anderen Gattungen, z. B. *Cristellaria*, *Nodosaria* und *Flabellina* in Verbindung. Zur Charakterisirung der Species werden im Allgemeinen die Anzahl und Gestalt der Kammern, die Gestalt des Gehäuses, die Sculptur der Oberfläche, Vorhandensein oder Fehlen eines Stachels, sowie die Gestalt und Lage der Mündung benutzt. Alle diese Kennzeichen sind indessen mehr oder weniger unzureichend, und muss bald auf das eine, bald auf das andere mehr Gewicht gelegt werden, wenn man die sehr veränderlichen Formen zu Gruppen — Arten — vereinigen will, welche die durch ihren Gesammtbau als am nächsten verwandt sich erweisenden Formen umfassen.

1. Frondicularia Archiaci d'Orb.

Taf. VIII, Fig. 1 — 12.

1840.	*Frondicularia Archiaciana* d'Orb., Craie blanche p. 20, tab. 1, fig. 35—36.	
1842.	»	*solea* v. Hagenow, Monogr. d. Rügen'schen Kreideversteinerungen p. 569, tab. 9, fig. 20.
1845.	»	*Archiaciana* Reuss, Böhm. Kreide I, p. 31, tab. 13, 5g. 39.
1845.	»	*striatula* id. ibid. p. 30, tab. 8, fig. 23, II, p. 107, tab. 43, fig. 11.

1860. *Frondicularia striatula* Reuss, Foraminiferen der Westfäl. Kreide p. 147, tab. 4, fig. 3.
1860. » *Archiaciana* id. ibid. p. 198.
1875. » » id. Elbthalgebirge II, p. 96.
1875. » *striatula* id. ibid. p. 94, tab. 21, fig. 2.

Gehäuse mehr oder weniger schmal lancettförmig, gestachelt, Anfangskammer kugelig, oder schwach ellipsoidisch, mit mehreren kräftigen Rippen. Spätere Kammern hoch, kurzschenkelig, sich nur selten weit umfassend, äusserlich durch mehr oder weniger hohe, meistens kantige Leisten begränzt, welche sich am Rande vereinigen, so dass die schmale Seite des Gehäuses eine gerundete Längsfurche trägt (Fig. 3 u. 7). Zwischen den Leisten trägt die Oberfläche der Schale eine sehr wechselnde Anzahl von Längsrippen und Wülsten. Die im Vorstehenden beschriebene Art ist in allen Stücken sehr veränderlich: die Anzahl der Kammern schwankt von 3—13, und die Gestalt des Gehäuses ist gleichfalls vielen Schwankungen unterworfen, indem die Breite der Kammern bald rasch, bald langsamer zunimmt. Abgesehen von den mannigfachsten Uebergängen fanden sich aber Exemplare, bei denen die einzelnen Kammern kein gleichmässiges Wachsthum zeigten, so dass die Gestalt des Gehäuses an der einen Stelle langsam, an einer anderen aber schneller an Breite zunahm. Eine Trennung liess sich hierauf daher nicht begründen. Die Anfangskammer trägt 16—18 Rippen, und manchmal zieht sich die Furche der schmalen Schalenseite um dieselbe herum, so dass sie 2 Stacheln trägt (Fig. 3 u. 9). Die Streifung der Oberfläche variirt in der mannigfachsten Weise, von ganz glatten Exemplaren, der typischen *Fr. Archiaciana* d'Orb. (Fig. 1), finden sich alle Uebergänge zu den dicht und fein gestreiften (Fig. 5), und manche Exemplare haben glatte Kammern neben gestreiften. Alle diese verschiedenartigen Formen lassen eine Trennung nicht zu, und stehe ich daher nicht an, die *F. striatula* Reuss mit der *Fr. Archiaciana* zu vereinigen. Letztere Art wird in den verschiedenen Arbeiten von Reuss als an allen Fundorten sehr selten und selten aufgeführt, und ist wohl nur der Mangel an genügendem Material die Ursache, dass Reuss die beiden Arten trennte. Auch bei Aachen ist die Art nicht häufig, es konnten indessen doch 130 wohl erhaltene Exemplare untersucht werden. Auch die Anzahl der Kammern, sowie die Grösse der Gehäuse und der einzelnen Kammern erwiesen sich als sehr wenig konstante Merkmale. Denn wenn auch meistens Exemplare mit mehr Kammern die grösseren waren, so fanden sich doch auch Exemplare, welche bei 10 Kammern kleiner waren, als andere, genau gleiche, die deren nur 5 hatten, und Exemplare, die doppelt so gross waren, als andere von gleicher Kammerzahl.

Als Abnormitäten fanden sich dreischenkelige Gehäuse.

Vorkommen: Untere Mucronaten-Mergel am Friedrichsberg, Preussberg, Schneeberg bei Vaals, alte Strasse nach Vaals, allenthalben nicht häufig.

Exemplare ohne Längsstreifung fanden sich bis jetzt nur in den blaugrauen Mergeln des Preussberges.

2. Frondicularia angusta Nilss.

Taf. VIII, Fig. 13—31.

1827.	*Planularia angusta* Nilss., Petr. Succ. p. 11, tab. 9, fig. 22.	
1839.	» » Geinitz, Charakteristik d. Schichten u. Petref. d. sächs. Kreidegeb. p. 70, tab. 17, fig. 22.	
1841.	*Frondicularia angustata* Roem., Nordd. Kreide p. 96.	
1840.	» *Verneuiliana* d'Orb., Craie blanche p. 20, tab. 1, fig. 32, 33.	
1845.	» *angustata* Reuss, Böhm. Kreide I, p. 29, tab. 8, fig. 13, 14.	
1860.	» *angusta* id., Foraminiferen d. westfäl. Kreide p. 106, tab 4, fig. 5.	
1860.	» *angustissima* id. ibid. p. 196, tab. 4, fig. 6.	
1875.	» *angusta* id., Elbthalgebirge II, p. 91.	

Gehäuse flach, schmal lancettförmig, stark verlängert, Anfangskammer kugelig oder ellipsoidisch, stark vortretend, meist mit 8 Rippen, die sich in einen kurzen kräftigen Stachel fortsetzen. Kammern schwach gebogen, wenig umfassend, äusserlich durch gerundete Wülste von einander geschieden, die sich nach beiden Seiten verflachen, so dass in der Mittellinie der breiten Seite eine flache Rinne verläuft. Mündung in der Achse gelegen, aus Spalten bestehend. Die Sculptur besteht aus dichten und feinen, kurzen Längsstreifen. Die schmale Seite des Gehäuses ist entweder rinnig vertieft, oder gerundet, oder zugeschärft, und grosse Exemplare zeigen zuweilen bei einzelnen Kammern eine Rinne, bei anderen dagegen eine Abrundung oder Zuschärfung. Die Anzahl der Kammern betrug 4 — 18, meist waren Exemplare mit zahlreicheren Kammern auch grösser, doch wurde auch das Gegentheil beobachtet.

Die Länge betrug 1 — 8,5, die Breite 0,36 — 1,45, die Dicke 0,21 — 0,41 ^{mm}. Zwischen der typischen Form und der Fig. 15 abgebildeten, mehr linearen, sind alle Uebergänge vorhanden, ich kann daher diese, *Fr. angustissima* REUSS, nicht trennen. Es gilt auch für die vorliegende Art das in dieser Beziehung von der vorigen gesagte. Ich glaube auch, dass *Fr. Verneuiliana* D'ORB. nicht verschieden ist, wenn auch D'ORBIGNY keine Längsstreifen zeichnet und erwähnt.

Als Abnormitäten wurden Exemplare mit 2 Anfangskammern und zwei Stacheln gefunden, sowie solche mit dreischenkeligen Kammern (Fig. 29, 30). Einigemale waren erst die letzten Kammern dreischenkelig. Am seltensten kamen einschenkelige Individuen vor (Fig. 18, 19).

Die Beobachtungen wurden an 230 Exemplaren gemacht.

Vorkommen: Allenthalben in den Kreidemergeln ohne Feuerstein. Verschiedenheiten an den verschiedenen Fundorten wurden nicht beobachtet.

3. Frondicularia strigillata REUSS.

Taf. VIII, Fig. 32 — 43.

1860. *Frondicularia strigillata* REUSS, Foraminiferen d. westfäl. Kreide p. 195, tab. 6, fig. 3.

Anfangskammer ellipsoidisch, die folgenden sehr niedrig, flach, ganz umfassend, mit schwach gewölbten Schenkeln, gleichmässig an Grösse zunehmend, oben gerade abgeschnitten. Letzte Kammer oft mit einem knopfartigen Vorsprung (Fig. 36), auf welchem die aus Spalten bestehende Mündung sich befindet. Form des Gehäuses lancettförmig bis oval, seltener von unregelmässigem Umriss, mit langem, dünnem Stachel. Die Gränzen der Kammern sind auf der Schalenoberfläche durch mehr oder weniger deutliche, gerundete Leisten angedeutet. Zahlreiche etwas schräge Rippchen sind vorhanden, welche sich bei genügender Vergrösserung als aus gehäuften, sehr feinen, erhabenen Linien bestehend erweisen. Die Anordnung dieser Rippchen ist nicht constant, neben solchen Formen, wie sie REUSS als Normalform abbildet, finden sich auch solche, bei denen die Rippen nur auf den Erhabenheiten, solche, bei denen sie nur in den Vertiefungen der Oberfläche stehen, und schliesslich solche, die stellenweise ganz glatt sind. Da die Kammern sich ganz umfassen, so tritt die erste gar nicht hervor, und der Stachel erweist sich aus so vielen Schichten gebildet, als Kammern vorhanden sind. Die schmale Seite ist rinnig vertieft, oder gerundet.

Als Abnormitäten wurden häufig einschenkelige (Fig. 39) und dreischenkelige Exemplare beobachtet, nebst Uebergängen in die Normalform, derart, dass bei manchen Exemplaren einschenkelige Kammern zwischen zweischenkeligen eingeschaltet sind (Fig. 42) und dass Exemplare, die in der Jugend zweischenkelige Kammern haben, später dreischenkelige besitzen (Fig. 37). Bei einem einschenkeligen Exemplar fand sich seitlich an die convexe Seite eine Röhre angewachsen, deren Bedeutung zweifelhaft ist (Fig. 32). Möglicher Weise ist es eine ähnliche Bildung, wie der Stiel, den MACDONALD von Foraminiferen beschrieb, welche bei den Fiji-Inseln mit Bryozoen zusammen gefischt wurden, und auf diesen befestigt waren (Ann. and Magazine of natural history Bd. 20, S. 193, Fig. 31 u. 32). Manchmal hat auch die Anfangskammer eine fast kugelige Gestalt (Fig. 41).

Die untersuchten Exemplare hatten eine Länge von 1,69 bis 4,00^{mm}, und eine Breite von 0,42—2,09^{mm}, bei einer mittleren Dicke von 0,09^{mm}. Untersucht wurden 30 Exemplare.

Vorkommen: Grünsand im Aachener Wald an der Lütticher Landstrasse. Kreidemergel ohne Feuersteine an allen Fundorten. Allenthalben recht selten.

Exemplare mit einschenkeligen Kammern fanden sich am häufigsten in den unteren Mergeln des Preussberges.

4. Frondicularia inversa Reuss.

Taf. VIII, Fig. 44—53; Taf. XVI, Fig. 23—27.

Frondicularia inversa Reuss, Böhm. Kreide 1, p. 31, tab. 8, fig. 14, 15; tab. 13, fig. 42.

» » » Elbthalgebirge II, p. 94, tab. 21, fig. 5—7 (cum syn.).

Anfangskammer gestachelt, kugelig bis ellipsoidisch, von sehr verschiedener Grösse, bei manchen Exemplaren sechs mal so gross wie bei anderen. Spätere Kammern sehr niedrig, aus 2, unter spitzem Winkel zusammenstossenden, schwach gebogenen Schenkeln bestehend, äusserlich durch niedrige, gerundete Leisten markirt. Letzte Kammer mit kurzem Vorsprung, der die normal gestaltete Mündung trägt. Da sich die Kammern in sehr verschiedenem Maasse umfassen, ist die allgemeine Gestalt der Schale mannichfachen Schwankungen unterworfen, neben Exemplaren von lancettlichem, finden sich solche von herzförmigem und rhombischen Umriss.

Die Anzahl der Kammern betrug 6—25, Reuss erwähnt Exemplare mit 30 Kammern. Die erste Kammer tritt zuweilen deutlich hervor, und trägt dann in der Regel einige Leisten, in anderen Fällen indessen bemerkt man den Nucleus auf der Schalenoberfläche gar nicht.

Abnormitäten fanden sich häufig, namentlich Exemplare mit 2 Stacheln. Auch wurden Exemplare beobachtet, die fast an jeder Kammer auf beiden Schenkeln je einen Stachel hatten (Fig. 51). Diese Bildung ist dadurch entstanden, dass sich die jüngere Kammer nicht vollständig auf die ältere auflegte. Ferner kommen Exemplare mit einschenkeligen (Taf. XVI, Fig. 23—27) und dreischenkeligen Kammern vor (Fig. 47—49). Fig. 50 stellt ein Exemplar dar, welches in der Jugend nur einschenkelige, später normale Kammern hat. Bei dem Exemplar Fig. 52 steht die Ebene der späteren Kammern senkrecht zu der der früheren.

Die Länge der untersuchten Exemplare betrug 1,00—5,50, die Breite 0,50—3,00^{mm}. Untersucht wurden 120 Exemplare aus dem Grünsand, und 80 aus den Mergeln.

Vorkommen: Grünsand im Aachener Walde, Mergel ohne Feuersteine an allen Fundstellen.

II. Perforata. 45

5. Frondicularia radiata d'Orb.

Taf. VIII, Fig. 54—58.

1840. *Frondicularia radiata* d'Orb., Craie blanche, p. 19, tab. 1, fig. 26—28.

Anfangskammer ziemlich dick, kugelig bis oval, ungestachelt. Folgende Kammer ziemlich hoch, weit umfassend, mit etwas gebogenen Schenkeln, die nach unten hakenförmig umbiegen. Aeusserlich tragen sie schwach hervortretende Erhöhungen. Die Mündung liegt auf einem kleinen Vorsprung, und besteht aus einem langen Querspalt, dessen Ränder durch kleine, mehr oder weniger radial gestellte Spältchen ausgerandet erscheinen (Fig. 57).

Die Gestalt der Schale ist herzförmig, manchmal nahezu rhombisch, der Nucleus springt deutlich vor, und ist mit zahlreichen, parallelen Leistchen verziert, von denen aus ebensolche schmale Leistchen büschelförmig auf die Seitenfläche der Schale fortsetzen. Die letzten Kammern sind stets glatt.

Als Abnormitäten wurden Exemplare mit doppeltem Nucleus, sowie solche mit dreischenkeligen Kammern beobachtet.

Es wurden 122 Exemplare untersucht. Dieselben hatten 5—13 Kammern, eine Länge von 1,45—5,50 und eine Breite von 1.05—5.50 ^{mm}.

Vorkommen: Fand sich bis jetzt nur in den unteren Mucronaten-Mergeln des Preussberges.

Genus Flabellina d'Orb.

1. Flabellina inversa Beissel.

Taf. IX, Fig. 1—3.

Anfangskammer kugelig, von 0,10—0,13 ^{mm} Durchmesser. Ueber derselben folgen 3—6 niedrige, einschenkelige, und darauf zahlreiche zweischenklige Kammern, welche nahezu dieselbe Gestalt, wie die der *Frondicularia inversa* d'Orb. haben. Die Mündung liegt auf einem kurzen Vorsprung, und besteht aus einer kurzen, ziemlich weiten Querspalte. Die Gestalt der Schale ist rhombisch bis herzförmig, die Kammern sind auf der Oberfläche durch deutliche, oft leistenförmige Wülste von einander abgetrennt. Die schmale Seite ist rinnenartig vertieft, gerade abgeflacht oder leicht zugerundet.

Es wurden 20 Exemplare untersucht, welche 11—17 Kammern hatten. Die Breite der Schalen schwankte von 1—2,33, die Höhe von 1,50—3,50 ^{mm}; die mittlere Dicke betrug 0,23 ^{mm}.

Vorkommen: Untere Mucronatenmergel des Preussberges, selten.

2. Flabellina Archiaci BEISSEL.

Taf. IX, Fig. 10—15.

Die Gestalt des Gehäuses gleicht der von *Frondicularia Archiaci* D'ORB., doch ist die Mündung spaltförmig, und die ersten Kammern sind spiral eingerollt. Die Zahl der Kammern betrug bei den untersuchten Exemplaren 5—9, die Länge der Schalen 1,66—3,00, ihre Breite 0,82—1,09 ^{mm}. Die Anfangskammer ist kugelig, über derselben folgen 2—5 einschenkelige, spiral angeordnete, und über diesen 5—6 zweischenkelige Kammern.

Vorkommen: Untere Kreidemergel des Preussberges, sehr selten. Es wurden nur 4 Exemplare untersucht. Ein ausreichendes Material wird vielleicht zeigen, dass diese Form nur eine Abnormität von *Frondicularia Archiaci* ist [1]).

3. Flabellina elliptica NILS. sp. [2]).

Taf. IX, Fig. 4—9; Taf. XVI, Fig. 29.

1827.	*Planularia elliptica* NILSSON, Petrificata Suecana, p. 11, tab. 9, fig. 21.	
1845.	*Flabellina cordata* REUSS, Böhm. Kreide I, p. 32, tab. 8, fig. 37—46.	
1875.	» *elliptica* » Elbthalgebirge II, p. 97, cum syn.	

[1]) Der Verfasser scheint diese, in seinem Manuscript nur vermuthungsweise ausgesprochene Ansicht später für sicher erkannt zu haben, denn im »Aachener Sattel« fehlt diese Form sowohl, wie die vorhergehende. Dagegen wird zu *Frondicularia inversa* die Bemerkung gemacht, dass sie Uebergänge zu *Flabellina* zeige. BEISSEL scheint daher auch diese, früher als selbstständige Form betrachtete *Flabellina inversa*, später nur als Abnormität von *Frondicularia inversa* angesehen zu haben. H.

[2]) BEISSEL hat in seinem Manuskript und im »Aachener Sattel« diese Form als *Fl. cordata* REUSS aufgeführt. Es war ihm offenbar entgangen, dass REUSS in GEINITZ, Elbthalgebirge in Sachsen, den von ihm gegebenen Namen zu Gunsten des älteren NILSSON'schen zurückgezogen hat. H.

Die Gestalt des Gehäuses schwankt innerhalb weiter Grenzen, dieselbe ist elliptisch, rhombisch, oval oder herzförmig, je nach dem Grade, in dem die Kammern einander umfassen.

Die Oberfläche zeigt als Begrenzung der Kammern breite, gerundete Wülste. Sehr selten bemerkt man Andeutungen von Rippchen. Die Mündung besteht aus einem, mit unregelmässig gekerbten Rändern versehenen Querspalt, sie liegt auf einem wenig hervorragenden Vorsprunge. Die Anfangskammer ist kugelig, oft mit einigen Knötchen oder Leistchen verziert, und hat 0,20 — 0,34 mm Durchmesser. Auf dieselbe folgen 2 einschenkelige, und dann bis zu 15 zweischenkelige Kammern, die sich bald mehr, bald weniger umfassen.

Als Abnormitäten finden sich Exemplare, bei denen zwischen normalen zweischenkeligen Kammern mehrere einschenkelige eingeschaltet sind. Auch wurde beobachtet, dass die Kammern manchmal nicht alle in derselben Ebene liegen, wodurch das Gehäuse eine etwas gedrehte Form erhält.

Die Exemplare besitzen 6 — 19 Kammern, und haben eine Länge von 1,27 — 8,5, eine Breite von 1,00 — 3,50, und eine Dicke von 0,27 — 0,64 mm.

Untersucht wurden 73 Exemplare.

Vorkommen: Untere Kreidemergel am Preussberge, Friedrichsberg und Schneeberg. Nur am erstgenannten Fundort fanden sich Exemplare mit Andeutung von Längsstreifen.

4. Flabellina rugosa d'Orb.

Taf. IX, Fig. 20 — 24; Taf. XVI, Fig. 30 — 31.

1839. *Flabellina rugosa* d'Orb., Craie blanche, p. 23, tab. 2, fig. 4 — 7.
1860.   »   *interpunctata* v. d. Mark, Reuss, Foram. der westf. Kreide, p. 72, tab. 9, fig. 1.
1875.   »   *rugosa* Reuss, Elbthalgebirge II, p. 98 cum syn.

Gehäuse sehr flach, oben spitzwinkelig, von breit-eiförmigem bis rhombischem Umriss. Die spaltförmige Mündung liegt auf einem kurzen, knospenförmigen Vorsprung. Die Mündung der verdeckten Kammern ist kreisförmig (Fig. 24). Die Nahtleisten der Kammern sind ziemlich hoch, aber schmal. Der spirale Theil des Gehäuses tritt deutlich vor. Die Sculptur besteht aus kleinen, warzenartigen Erhebungen, die meistens unregelmässig auf der Oberfläche vertheilt sind, manchmal aber auch in Linien geordnet erscheinen, welche der oberen Kammerwand parallel sind. Die Anfangskammer ist kugelig, oder schwach zusammengedrückt, von 0,09 — 0,10 mm Durchmesser, der spirale Theil besteht aus 5—6 stark zusammengedrückten, niedrigen, einschenkeligen Kammern; über diesen folgen 6—12 zweischenkelige, die sich mehr oder weniger stark umfassen.

Es wurden Exemplare beobachtet, bei denen die warzenförmigen Erhebungen der Schalenoberfläche spärlicher und grösser, und die Nahtleisten der Kammern unregelmässig waren. Diese stimmen gut mit der *Fl. interpunctata* v. D. MARK überein. Diese Form steht indessen durch Uebergänge mit der normalen in Verbindung; ich betrachte sie daher zu *Fl. rugosa* gehörig. Die Länge der Exemplare betrug 1,29 — 2,75, die Breite 0,07 — 1,70, die Dicke 0,09 — 0,18 mm.

Untersucht wurden 97 Exemplare.

Vorkommen: Untere Mucronatenmergel des Preussberges.

5. Flabellina radiata BEISSEL [1]).

Taf. IX, Fig. 16 — 19.

Die Gestalt des Gehäuses ist dieselbe, wie bei *Frondicularia radiata*, herzförmig bis rhombisch. Der spirale Theil tritt deutlich hervor, derselbe besteht aus einer kleinen Anfangskammer, und 5—9 einschenkeligen Kammern. Aeusserlich ist dieser Theil mit feinen Rippen verziert, von denen büschelförmige Strahlen auch auf die anderen Theile der Schalenoberfläche ausgehen. Ueber dem spiralen Theil folgen bis zu 12 niedrige, einander weit umfassende, zweischenkelige Kammern. Die Nathleisten sind niedrig,

---

[1]) Da diese Art im »Aachener Sattel« nicht aufgeführt wird, so gilt für dieselbe das Gleiche, was bei *Flabellina Archiaci* bemerkt wurde. Es wird die Annahme, dass BEISSEL die vorliegende Form später für eine Abnormität von *Frondicularia radiata* gehalten hat, dadurch zur Gewissheit, dass er bei dieser Art im »Aachener Sattel« die Bemerkung macht: Nicht selten mit spiral geordneten ersten Kammern. H.

gerundet, wenig hervortretend. Die Mündung liegt auf einer vorgezogenen Spitze.

Vorkommen: Es fanden sich nur 9 Exemplare in den unteren Mucronatenmergeln des Preussberges mit *Frondicularia radiata* D'ORB.

6. Flabellina Baudouini D'ORB.

1840. *Flabellina Baudouiniana* D'ORBIGNY, Craie blanche, p. 24, tab. 2, fig. 8—11.
1875. » » REUSS, Elbthalgebirge II, p. 29.

Zu dieser Art rechne ich ein 5,5 mm langes und 2,3 mm breites Exemplar einer *Flabellina*, welches 17 Kammern besitzt, von denen 6 einschenkelig und spiral angeordnet sind. Die Nathleisten sind scharf aber schmal. Das betr. Exemplar fand sich in den unteren Kreidemergeln des Preussberges.

7. Flabellina favosa BEISSEL.

Taf. IX, Fig. 25—28; Taf. XVI, Fig. 28.

Eine Beschreibung dieser Art fand sich in BEISSEL's Manuscript nicht vor, nur die angeführten Zeichnungen. Im »Aachener Sattel« wird die Art aufgeführt, und betont, dass die Oberfläche mit bienenwabenartigen Vertiefungen bedeckt sei, und dass die Art selten auf dem Gipfel des Friedrichsberges (untere Mucronatenmergel) vorkomme. Aus eigener Anschauung ist mir die Art nicht bekannt.

Genus Vaginulina D'ORB.

Die Struktur der Schale stimmt vollkommen mit der von *Nodosaria* überein. Die Querwülste der Schale verhalten sich dabei ganz analog den Längsrippen bei *Nodosaria* resp. *Dentalina*, sie werden von einer weit geringeren Zahl verwirrter, garbenförmiger, meist sehr undeutlicher Poren durchsetzt. Anscheinend sind dieselben wie die Poren in den Zwischenwänden der Kammern, und in den Längsrippen bei *Nodosaria*, durch spätere Ausscheidung von Schalsubstanz ausgefüllt worden (vergl. Taf. 1, Fig. 5—8).

50   II. Perforata.

Das Gehäuse ist geradlinig oder schwach gebogen, zusammengedrückt, die Anfangskammer kugelig oder ellipsoidisch, die Mündung randlich gelegen, auf einem Vorsprunge, und besteht aus radialen Strahlen.

Es scheint nach dem mir vorliegenden Material unmöglich, die Gattung *Vaginulina* von *Marginulina* scharf zu trennen, da sich alle Uebergänge leicht finden lassen. Zunächst schliessen sich an die typischen Vaginulinen solche Formen an, bei denen die auf den Nuclens folgenden Kammern schräger übereinander stehen, als sie es späterhin zu thun pflegen. Es ist auf diese Weise der Anfang des Gehäuses gebogen, und ganz allmählich durch alle Uebergänge entwickelt sich aus dieser Biegung die Spirale (vergl. die Zeichnungen Taf. IX, Fig. 36—48). Während so auf der einen Seite *Vaginulina* in engster Verbindung mit *Marginulina*, und daher auch mit *Cristellaria* steht, ist andererseits keine scharfe Grenze gegen *Nodosaria* resp. *Dentalina* vorhanden. Auch nach dieser Seite hin sind zahlreiche Uebergänge vorhanden. Es bestätigt also auch das Aachener Material die Ansicht von PARKER und JONES von der Unmöglichkeit, die von CARPENTER als *Nodosarina* zusammengefassten Formen in gut begrenzte *Genera* zu trennen.

Bezüglich der Begrenzung der Arten gilt dasselbe, wie bei den anderen Gattungen. Auch hier sind bei genügendem Material die mannichfaltigsten Uebergänge vorhanden. Die im Folgenden unterschiedenen Arten haben daher auch nur Gültigkeit für das von mir untersuchte Material, insofern als mir von Aachen keine genügenden Uebergänge zwischen den als Arten aufgeführten Formenkreisen bekannt geworden sind.

1. Vaginulina costulata ROEM.

Taf. IX, Fig. 29—39.

1842. *Vaginulina costulata* ROEM., in LEONH. u. BRONN, Jahrb. p. 273, tab. 7, fig. 3.
1845. *Marginulina*   »   REUSS, Böhm. Kreide I, p. 28, tab. 13, fig. 25.
      »   »   BRONN, Lethaea geog. V. p. 90, tab. 29, fig. 22.
1875.   »   »   REUSS, Elbthalgeb. II, p. 90.

Anfangskammer kugelig, von 0,04—0,16 mm Durchmesser. Spätere Kammern stark zusammengedrückt, schief, niedrig, an-

II. Perforata.

fangs zuweilen etwas spiral angeordnet. Im Alter sind die Kammern meist etwas gebogen, und umfassen einander schwach. Die Oberfläche der Schale trägt kräftige, gerundete, fast immer etwas schräge Querrippen. Die radial gebaute Mündung liegt stark nach der concaven Seite, auf einem gerundeten Vorsprung. Die Ausbildung der Querwülste ist verschieden, bei demselben Exemplare sind sie oft an der einen Stelle sehr kräftig, an der anderen fehlen sie ganz.

Die Anzahl der Kammern ist 13—20. Die Länge der Schalen betrug in minimo 2 ^{mm} bei einem Exemplar von 13, und höchstens 4,5 ^{mm} bei einem solchen von 20 Kammern. Die Breite betrug unten 0,18—0,36, oben 0,25—0,58; die Dicke unten 0,09—0,25, oben 0,20—0,40 ^{mm}.

Untersucht wurden 130 Exemplare aus dem Grünsand des Aachener Waldes, und 10 aus den unteren Mucronatenmergeln des Preussberges. Die Exemplare von ersterem Fundort unterscheiden sich von den anderen durch bedeutendere Grösse, und einen grösseren Nucleus.

Genus Marginulina d'Orb.

1. Marginulina ensis Reuss.

Taf. IX, Fig. 40—64.

1845. *Marginulina ensis* Reuss, Böhmische Kreide I, p. 29, tab. 12, fig. 13, tab. 13, fig. 26, 27.
1860. » » » Foram. der westf. Kreide, p. 63.

Anfangskammer kugelig, von 0,04—0,09 ^{mm} Durchmesser. Der spirale Theil besteht aus mehr oder weniger zusammengedrückten, niedrigen, der gerade Theil aus niedrigen, etwas schrägen, einander schwach umfassenden Kammern. Letztere gleichen häufig vollständig denen von *Vaginulina costulata*, doch sind sie andererseits oft weniger zusammengedrückt, einander gar nicht umfassend. Demzufolge ist die Gestalt des Gehäuses den allergrössten Schwankungen unterworfen. Manche Stücke gleichen vollständig der *Vaginulina costulata*, und tragen auch eine dieser ähnliche Sculptur (Fig. 46), andere dagegen sind glatt, ohne Nath-

4*

wülste, und viel weniger zusammengedrückt (Fig. 49). Auch die Ausbildung des spiralen Theiles variirt beträchtlich, wie dies aus den gegebenen Abbildungen hervorgeht. So verschieden diese extremen Formen nun auch erscheinen, so kann man bei ausreichendem Material doch alle möglichen Uebergänge zwischen denselben zusammenstellen. Dazu finden sich zuweilen Exemplare, bei denen die Eigenschaften dieser Extreme vereinigt sind, in der Art, dass das Maass der Zusammendrückung im Alter ein anderes ist, als in der Jugend, und dass auf dem einen Theile der Schale Nathwülste vorhanden sind, auf dem anderen nicht. Eine Trennung dieser verschiedenen Formen erschien daher nicht angezeigt. Ich möchte daher auch annehmen, dass die *Marginulina elongata* D'ORB. (Craie blanche p. 17, tab. 1, fig. 20 — 22) mit in den, im Vorstehenden beschriebenen Formenkreis gehört.

Die Mündung liegt auf einem Vorsprung, der concaven Seite sehr genähert.

Als Abnormitäten fanden sich Exemplare, die nach oben schmäler werden. Bei dem Fig. 48 abgebildeten Exemplar liegt die Mündung auf einem ungewöhnlich langen, zapfenartigen Vorsprunge. Oft zeigten die verdeckten Kammern zwei Mündungen, von denen die eine auf der der normalen gegenüberliegenden Seite sich befand. (Fig. 60.)

Die Länge beträgt 1,33 — 5, die Breite am gestreckten Theil 0,5 — 1 mm.

Die Anzahl der Kammern des gestreckten Theiles schwankte von 3 — 13. Exemplare mit nur spiralem Theil liessen sich von jungen Cristellarien nicht unterscheiden.

Untersucht wurden 270 Exemplare.

Vorkommen: Untere Kreidemergel allenthalben häufig. Exemplare mit Nathwülsten fanden sich am häufigsten am Preussberg.

Genus Cristellaria.

Die Schalenstruktur der Cristellarien ist dieselbe wie der übrigen Nodosarinen. Die Schalenporen sind dort am dichtesten, wo sie ohne Behinderung, direct von innen nach aussen führen.

Etwa vorhandene Leisten und Wülste, schwielige Verdickungen des Nabels, flügelartig verbreiterte Kiele am Aussenrande der Schale verhalten sich wie die Leisten von *Marginulina* und die Längsrippen von *Nodosaria* und *Dentalina*.

Die Anfangskammer ist kugelig, oval oder ellipsoidisch, ihre Grösse schwankt beträchtlich, ohne dass hierdurch die Grösse des ausgewachsenen Gehäuses beeinflusst wird. Die folgenden Kammern ordnen sich zu einer logarithmischen Spirale. Freilich ist die Differenz zwischen der beobachteten und berechneten Länge des Radius vectors nicht unerheblich, aber niemals so gross, dass man an eine hyperbolische Spirale denken könnte, wie sie bei den echten Marginulinen vorhanden ist, auch dann, wenn man allein den spiralen Theil der Schalen dieser Gattung berücksichtigt. Auch diejenigen Cristellarien, welche *Marginulina*-artige Gehäuse haben — die Projectae REUSS —, haben noch eine echte logarithmische Spirale.

Die Mündung liegt meist auf einer etwas vorspringenden Spitze, dicht unter dem Rückenkiele der Schale. Ursprünglich scheint sie aus einer, in der Mitte etwas verengten Röhre zu bestehen. Später setzen sich aber in derselben radiale Lamellen an, welche schliesslich in der Mitte zusammenstossen, so dass die Mündung nur aus radialen Spalten besteht. Der Steinkern der Mündung hat die Gestalt eines halb geöffneten Schirmes (Taf. X, Fig. 42). Die Kammern stehen unter einander durch einfache Röhren in Verbindung.

1. Cristellaria triangularis D'ORB.

Taf. X, Fig. 1—9.

1842. *Cristellaria triangularis* D'ORB., Memoires soc. géol. France t. IV, 1, p. 27, tab. 2, fig. 21, 22.
   » *navicula* » ibid. fig. 19, 20.

Anfangskammer kugelig, von 0,07—0,14 ^{mm} Durchmesser, über derselben 8—14, im Querschnitt fast gleichseitig-dreieckige Kammern, die einander nicht umfassen. Aussenseite zugeschärft. Mündung aus 12—20 radialen Spaltöffnungen bestehend, auf einem stumpfen Vorsprunge gelegen. Mündungen der früheren

Kammern rund, nahe der Aussenseite gelegen; an ihrem Rand bemerkt man zuweilen noch Andeutungen von Spalten (Fig. 8). In einzelnen Fällen sind diese Oeffnungen so erweitert, dass von den Scheidewänden nur noch geringe Reste übrig sind. Die Kammern ordnen sich zu einer logarithmischen Spirale (Beispiel: $r = 15 \cdot 5 \cdot 2{,}4516 \frac{w}{\pi}$) aneinander, und ragen dabei mit der Endfläche bis zur Windung herab, oder lassen einzelne Kammern unverdeckt. Das Gehäuse hat daher bald die Gestalt der *Cr. navicula* D'ORB., bald der *Cr. triangularis* D'ORB. D'ORBIGNY sah den Hauptunterschied dieser beiden Formen darin, dass bei *Cr. navicula* alle Kammern das Centrum erreichen (Fig. 1), während bei *Cr. triangularis* die Schale eine mehr Scaphiten-artige Gestalt hat. (Vergl. Fig. 2.) Anschliffe und künstlich hergestellte Steinkerne zeigen indessen, dass oft bei demselben Exemplare ein Theil der Schale mehr zu *triangularis*, ein anderer mehr zu *navicula* passt. Die Trennung der beiden Arten erklärt sich indessen leicht dadurch, dass äusserlich allerdings diese Uebergänge nicht beobachtet werden können. Auch bezüglich des Querschnittes variiren die einzelnen Exemplare sehr, so dass sich von Formen mit gleichseitig-dreieckigem Querschnitt Uebergänge zu stark comprimirten Formen bilden, die der *Cr. harpa* Reuss (Westfäl. Kreide tab. 10, fig. 1, 2) nicht sehr fern stehen.

Die Gehäuse haben eine Höhe von 1,18—2,5 mm, eine seitliche Breite von 0,58—1,14 und eine vordere Breite von 0,11 bis 1,09 mm. Die Zahl der Kammern beträgt 9—15.

Untersucht wurden 130 Exemplare.

Vorkommen: Kreidemergel ohne Feuerstein vom Friedrichsberg und Vaals, ziemlich selten.

2. Cristellaria harpa Reuss.
Taf. X, Fig. 10—19.

1846. *Cristellaria harpa* Reuss, Böhmische Kreide, 1, p. 67, tab. 10, fig. 1, 2,
  » *Hagenowii* Reuss, id. ibid. p. 66, fig. 6.

Anfangskammer kugelig, von 0,11—0,29 mm Durchmesser, darüber 9—19 schiefe, einschenkelige Kammern, deren Seitenwände unter einem Winkel von 52—68° zusammenstossen. Sie sind stark zusammengedrückt, und besitzen eine elliptische bis lancettliche, meist etwas aufgetriebene Endwand. Die Mündung liegt auf einer etwas vorspringenden Spitze, nahe der Aussenkante, und besteht aus 7—11 radialen Spalten, die in der Mitte nicht zusammenstossen (Fig. 11, 16), nach innen setzt sich diese Mündung in einen kurzen, trichterförmigen Kanal fort. Die Mündung der früheren Kammern ist rund, Andeutungen der früheren Spalten sind bei allen untersuchten Exemplaren beobachtet worden. Die Kammern nehmen schnell an Grösse zu, sie legen sich so an einander, dass der Kiel eine parabolische Curve bildet, mit dem inneren Theil ragen sie dagegen meist bis zum Nucleus herab.

Die allgemeine Gestalt der Schale ist halbmond-, bohnen- oder sichelförmig, stark seitlich zusammengedrückt, mit scharfer Aussenseite. Die Endfläche ist elliptisch bis lancettförmig. Die Scheidewände sind äusserlich durch Leisten, Furchen oder auch nur durch dunkle Linien angedeutet. Ebenso wie ein allmählicher Uebergang von halbmondförmigen zu sichelförmigen Schalen vorhanden ist, welche ganz der *Cr. harpa* entsprechen, finden sich auch alle Uebergangsformen zu *Cr. Hagenowi* REUSS. Von *Cr. recta* D'ORB. unterscheiden sich die Aachener Stücke stets durch den zugeschärften Spindelrand.

Als Abnormität wurden sehr selten Exemplare beobachtet, deren jüngere Kammern in einer Ebene liegen, die mit der Ebene der älteren Kammern einen Winkel von 15—20° bildet.

Die Höhe der Schalen beträgt 1,23—3, die Breite 0,61—1,45, die Dicke 0,18—0,54^{mm}, die Zahl der Kammern 10—20.

Untersucht wurden 136 Exemplare.

Vorkommen: Kreidemergel ohne Feuerstein, Friedrichsberg und Vaals, ziemlich selten.

3. Cristellaria rotulata LAM.
Taf. X, Fig. 20—43.

1804. *Lenticulites rotulata* LAM., Annales du Musée XIII, pag. 188, tab. 62, fig. 11.
1875. *Cristellaria rotulata* REUSS, Elbthalgebirge, II, p. 104 cum Syn.

Anfangskammer kugelig, sehr selten oval oder ellipsoidisch, von 0,05 — 0,36 mm Durchmesser, darüber 6 — 32 schmale, gebogene, dreieckige, reitende Kammern. Die Mündung liegt auf einem kurzen, warzenförmigen Vorsprung, und besteht aus 6 — 10 keilförmigen Radialspalten, welche in der Mitte nicht zusammenstossen. Die Mündungen der älteren Kammern sind kreisförmig, mit Resten radialer Spalten. Die Schale ist vollständig eingerollt, aus 2 — 3 Umgängen bestehend, welche eine logarithmische Spirale bilden, sie ist mehr oder minder zusammengedrückt, und hat eine scharfe, meist ganzrandige, nur sehr selten schwach ausgezackte Aussenseite. Die Scheidewände markiren sich auf der Aussenfläche meist durch Furchen oder Leisten. Der Nabel ist bald mehr, bald weniger verdickt, zuweilen knopfförmig vorragend. Beträchtliche Verschiedenheiten im äusseren Ansehen entstehen dadurch, dass zuweilen die Kammern gleichmässig, zuweilen ungleichmässig anwachsen. Im ersteren Falle sind gewöhnlich 2 — 3, im letzteren nur 1—1½ Umgänge vorhanden. Einzelne Exemplare scheinen Uebergänge zur Gattung *Marginulina* zu bilden (Fig. 26). Abnormitäten wurden vielfach beobachtet, darunter Exemplare mit doppelter letzter Kammer, und sogar solche mit doppelter Spirale. Bei sehr kammerreichen Stücken nimmt oft die Grösse der späteren Kammern wieder ab.

Die Durchmesser betragen: 0,54—4,00, die Dicke 0,36—2,00 mm. Es wurden Stücke gefunden, welche bei 6 Kammern einen halben Umgang hatten, bis zu solchen, die bei 33 Kammern deren 4 besassen. Die Beobachtungen wurden gemacht an ca. 3000 Exemplaren.

Vorkommen. Grünsand des Aachener Waldes, häufig. Kreidemergel ohne Feuerstein an allen Punkten sehr häufig.

4. Cristellaria umbilicata BEISSEL.

Taf. X, Fig. 44—47.

Anfangskammer kugelig oder ellipsoidisch, von 0,127 — 0,181 mm Durchmesser, darüber 16 — 31 glattwandige, schiefe Kammern, welche anfangs wenig comprimirt und reitend sind, später aber sehr flach, nicht reitend, und im Querschnitt schmal-lancettförmig werden. Diese Kammern bilden ein aus $1^{1}/_{2} — 2^{1}/_{2}$, in logarithmischer Spirale angeordneten Windungen bestehendes Gehäuse, welches, stark zusammengedrückt, bald nautilus- bald scaphitenartig gestaltet ist, und einen warzenförmig vortretenden Nabel besitzt. Die Mundöffnung wird aus 8 — 11 radialen Spalten gebildet, welche auf einem kurzen, spitzen Vorsprung liegen. Die Kammerwände sind äusserlich oft gar nicht markirt, oft aber durch Falten oder Furchen angedeutet.

Die Schalen haben eine Höhe von 1,25 — 4,00, eine Breite von 1,00 — 2,50 ^{mm}. Der Durchmesser durch den verdickten Nabel beträgt 0,54 — 0,90 und durch den zusammengedrückten Theil des Gehäuses, nahe der Mündung 0,27 — 0,36 ^{mm}. Die Zahl der Kammern beträgt 17 — 32.

Untersucht wurden 105 Exemplare.

Vorkommen: Nur in den unteren Kreidemergeln des Preussberges, selten.

Genus Polymorphina Williamson.

Indem ich mich in der Auffassung der Gattung *Polymorphina* der Carpenter'schen Anschauung anschliesse, vereinige ich unter diesem Namen die d'Orbigny'schen Gattungen: *Guttulina*, *Globulina* und *Polymorphina*, hauptsächlich wegen der sehr constanten Form der Mündung. Die Schalenstruktur ist die aller Lageniden, nur zuweilen finden sich weite Poren, die an Globigeriniden erinnern. Eine solche weite Pore führt namentlich häufig von der Anfangskammer nach aussen, aber auch an anderen Schalentheilen kommen solche vor. Die Mündung besteht aus einem, in der Mitte meist etwas verengten Kanal, in welchem sich zahlreiche, in der Mitte zusammenstossende, nicht poröse, radiale Lamellen befinden. Von aussen gesehen, besteht daher die Mündung aus radialen, meist keilförmigen Spalten, die manchmal secundär mit Schalensubstanz wieder ausgefüllt werden, deren Reste aber immer sichtbar bleiben. Es besteht dann die Mündung aus zahlreichen feinen, siebartigen Poren, den äusseren Oeffnungen feiner Röhren, welche in die letzte Kammer führen. Zuweilen wird bei der Weiterentwickelung auch dieser Gitterverschluss wieder resorbirt, und ist dann eine rundliche Oeffnung vorhanden, wie eine solche stets die früheren Kammern mit einander verbindet. Oft wird diese Oeffnung so weit, dass die Scheidewand bis auf geringe Reste verschwunden ist, daher ist oft die Grösse der Anfangskammer nur schwer zu bestimmen. Die Anordnung der Kammern ist überaus schwankend, an demselben Exemplar ist oft der eine Theil eine *Globulina*, der andere eine *Guttulina* oder *Polymorphina*. Aus dieser grossen Veränderlichkeit ergiebt sich auch die Schwierigkeit, wenn nicht Unmöglichkeit, gut charakterisirte Arten auszusondern. Typische Formen finden sich freilich, aber bei reichem Material sind Uebergänge derselben zu einander sehr häufig, noch häufiger wie bei den übrigen Lageniden. Ich werde indessen diejenigen der in der Aachener Kreide sich findenden Formen, welche sich einigermaassen gesondert halten lassen, auch gesondert beschreiben.

Die bei den Polymorphinen nicht seltenen Ueberwucherungen der Schale mit geweihartigen Fortsätzen resp. Auswüchsen sollen bei den einzelnen Arten näher besprochen werden.

1. Polymorphina complanata d'Orb.

Taf. X, Fig. 48—53.

1846. *Polymorphina complanata* d'Orb., die Foss. Foram. des Wiener Beckens, p. 234, tab. 13, fig. 25—30.

Ueber der ellipsoidischen Anfangskammer entwickeln sich glatte, zusammengedrückte, sichelförmige Kammern, die stark umfassend sind, und zuweilen alle bis zur Anfangskammer herabragen. Die Mündung besteht aus radialen Spalten, die Oeffnung der früheren Kammern aus runden Löchern. Die Kammern sind meist regelmässig zweizeilig geordnet, und bilden so ein rhombisches, comprimirtes Gehäuse, welches der Wiener Form sehr nahe steht. Die Kreideform unterscheidet sich durch etwas stärker gegen den Nucleus herabragende Kammern, schwächere äussere Abgrenzung derselben, bedeutendere Grösse, bei geringerer Anzahl der Kammern, und den spitzen Winkel, unter dem die Seitenflächen der Schale an der Mündung zusammenstossen. Diese Unterschiede sind indessen, wie oft nachgewiesen ist, so unbeständig, dass eine Trennung von der miocaenen Form nicht angängig erscheint. Zuweilen ordnen sich die ersten Kammern dreizeilig an, solche Formen sind nur dann als zu *complanata* gehörig zu erkennen resp. von anderen mit vorkommenden Arten zu unterscheiden, wenn die Kammern in späterem Alter wieder in die normale, zweizeilige Anordnung zurückkehren. In anderen Fällen liegen in der Jugend die Kammern nicht genau in einer Ebene, wodurch eine etwas unregelmässige Gestalt bedingt wird. Es sind indessen alle Uebergänge zu der Normalform vorhanden.

Die Höhe beträgt 0,98—1,82, die Breite 0,69—1,14, die Dicke 0,45—0,54 ^{mm}. Die Anzahl der Kammern 4—8. Untersucht wurden 24 Exemplare.

Vorkommen: Untere Mucronatenmergel des Friedrichsberges. Sehr selten.

2. Polymorphina Protens BEISSEL.

Taf. XI, Fig. 1—56; Taf. XII, Fig. 1—16.

Aufangskammer kugelig oder oval, von sehr verschiedener Grösse, welche indessen nur schwer direct zu bestimmen ist, da der obere Theil der Kammerwand resorbirt zu sein pflegt Darüber entwickeln sich bis zu 14 mehr oder weniger zusammengedrückte, bis ganz kugelige Kammern, welche auf einer wenig vorspringenden Spitze die Mündung tragen. Dieselbe ist bei der letzten Kammer durch zahlreiche, in der Mitte nicht zusammenstossende, radiale Lamellen verschlossen, bei den verdeckten Kammern dagegen durch Resorption beträchtlich erweitert. Die Kammern umfassen einander stark, auf einer Seite stärker wie auf der anderen, und ordnen sich im Allgemeinen zu einer schraubenförmigen Spirale. Liegen 2 Kammern in jeder Windung, so entstehen normale Polymorphinen, bei drei Guttulinen und bei einer grösseren Zahl Globulinen. Regelmässig zweizeilig angeordnete Kammern entstehen, wenn das Grössenwachsthum verhältnissmässig langsam, und die Gestalt der

Kammern dieselbe ist. Solche Gehäuse sind zusammengedrückt, ährenförmig, und besitzen schwach aufgetriebene, und darum äusserlich deutlich geschiedene Kammern. Ist bei solchen zweizeiligen Formen die Anfangskammer klein, und ist das Grössenwachsthum der folgenden ein rasches, so ist die Gesammtform der Schale keilförmig, im anderen Falle, d. h. wenn der Nucleus gross, und das Wachsthum langsam ist, entstehen schwach elliptische oder fast lineare Gehäuse. Solche regelmässig biserialen Formen sind indessen selten, und selbst bei den äusserlich vollständig symmetrisch erscheinenden Formen beobachtet man als Regel, dass die Ebene der ersten Kammern gegen die der folgenden geneigt oder gedreht ist, resp. dass die Jugendkammern dreizeilig angeordnet sind, also Guttulinen oder Globulinen darstellen. Es kann daher die zweizeilige Anordnung der Kammern als Grund für eine specifische Trennung nicht erachtet werden, und nehme ich keinen Anstand, diese mit den unregelmässigen Formen, wie solche in den Fig. 12 und 19 dargestellt sind, zu einer Art zu vereinigen, da alle denkbaren Zwischenformen vorhanden sind, und zwar in solcher Häufigkeit, dass bei reichem Material eine Sonderung nach der Anordnung der Kammern absolut undurchführbar erscheint, wie solches in gleicher Weise auch von der *Polymorphina communis* D'ORB. durch PARKER und JONES angegeben wird (cf. Ann. a. Magaz. of Nat.-Hist. vol. 19, p. 283).

Unter Berücksichtigung der Beobachtung, dass bei *Polymorphina*, wie bei allen Lageniden, die Anfangskammer eine sehr verschiedene Grösse hat, sowie des Umstandes, dass die ersten Kammern fast aller Polymorphinen sehr oft eine globulinenartige Anordnung besitzen, muss man auch die Globulinenformen, wie sie in Fig. 1—5 dargestellt sind, mit den vorstehend beschriebenen vereinigen. Da dieselben eine geringe Grösse besitzen, und zahlreiche Uebergänge beobachtet wurden, sind dieselben als junge Exemplare mit grossem Nucleus, spiraler Anordnung, und starkem Umfassen der Kammern, und dadurch bedingtem, fast kreisförmigem Querschnitt des Gehäuses zu bezeichnen.

Endlich kommen auch Formen vor, welche zwischen *Polymorphina* und *Glandulina* stehen. Dieselben unterscheiden sich von *Glandulina* lediglich durch eine, die verticale mehr oder weniger verlassende Anordnung der Kammern. Als Abnormitäten fanden sich Exemplare, namentlich der Guttulinen- und Globulinen-Formen, deren Schale von einer unregelmässig aufgeblasenen, und zu geweihartigen Fortsätzen ausgewachsenen Kalkhülle überwuchert war. Diese Ueberwucherung geht von der letzten Kammer aus, und durch Anschleifen ergiebt sich, dass, so isolirt auch oft die einzelnen Auswüchse auf der Schale zu stehen scheinen, eine der Schalenoberfläche nicht vollständig aufliegende Kalklage die directe Verbindung derselben herstellt. Die Oberfläche dieser Ueberwucherungen zeichnet sich bei Vergrösserung durch zahlreiche kleine dornige Erhöhungen vor der eigentlichen Schalenoberfläche aus. Auch scheint die Ueberwucherung von weiteren und entfernter stehenden Poren durchsetzt zu sein, wenigstens so weit die nicht ganz einwandfreie Untersuchung der fossilen Exemplare erkennen lässt. Bei den überwucherten Exemplaren ist der Gitterverschluss der letzten Kammer meist resorbirt, zuweilen ist er aber erhalten, und selten ragt die Mündung über die Ueberwucherung hervor. Es sind dann die Spältchen immer verschlossen, und neben der eigentlichen Mündung liegen in wechselnder Zahl unregelmässige Oeffnungen, welche den inneren Hohlraum mit dem Hohlraum der Protuberanz verbinden.

Durch ganz ähnliche Oeffnungen sind auch die sonstigen Hohlräume der Ueberwucherung mit dem Schaleninnern verbunden. Zuweilen finden sich Schalen, die siebartig von solchen Löchern durchsetzt sind. Die Enden der geweihartigen Verästelungen sind nur selten geschlossen, aber die unregelmässigen und scharfen Ränder der Oeffnungen deuten darauf hin, dass geschlossene Spitzen abgebrochen sind, und finden sich solche abgebrochenen Spitzen auch isolirt. Die inneren Kammerwände der überwucherten Exemplare bleiben glatt und sind ganz so beschaffen, wie die der normalen Exemplare, bis auf die beschriebenen Oeffnungen, welche das Schaleninnere mit den Hohlräumen der Ueberwucherung verbinden. Ebenso haben diese letztgenannten Hohlräume glatte Innenwände.

Diese eigenartigen Bildungen fanden sich vorwiegend bei kleinen Exemplaren, bei solchen, die mehr wie 7 Kammern hatten, wurden sie nicht beobachtet.

Als eine viel seltenere Abnormität fanden sich Exemplare der zweizeiligen Form mit zwei ganz gleichen, je einen Gitterverschluss zeigenden Mündungen. Die letzte Kammer hatte sich so weit seitwärts angesetzt, dass die Mündung der vorletzten Kammer frei blieb.

Häufig findet sich am Nucleus eine abwärts gerichtete, weite Pore, welche die Schale senkrecht durchsetzt.

Die Dimensionen betrugen bei der zweizeiligen Form: Höhe 1,09 — 3,00, Breite 0,63 — 1,27 mm, die Dicke erreichte gewöhnlich nur 40 pCt. der letzteren Abmessung. Bei den Globulinen-Formen betrug die Höhe 0,72 — 1,36 die Breite und Dicke 0,60 — 1,14 mm. Die überwucherten Exemplare hatten eine Höhe von 0,83 — 1,54 und eine Breite von 0,54 — 0,91 mm, incl. der Ueberwucherung.

Untersucht wurden 636 Exemplare.

Vorkommen: Grünsand im Aachener Wald, selten. Mucronatenmergel des Friedrichsberges, Preussberges und von Vaals, allenthalben häufig. Im Grünsand herrschen die zweizeiligen Formen, an den anderen Punkten die unregelmässigen vor.

3. Polymorphina glommerata ROEMER.
Taf. XII, Fig. 17 — 29.

1841. *Polymorphina glommerata* ROEMER, Norddeutsche Kreide p. 97, tab. 15, fig. 19.
1845. *Guttulina glommerata* REUSS, Böhmische Kreide I, p. 40, tab. 12, Fig. 32.
1845. » *damaecornis* id. ibid. tab. 13, Fig. 85.
1846. » *austriaca* D'ORB., Foram. foss. du bass. tert. de Vienne, p. 223, tab. 12, fig. 23 und 24.
1846. » *problema* id. ibid. p. 224, tab. 12, fig. 26, 27.

Anfangskammer kugelig oder oval, folgende Kammern weit umfassend, glatt, oben spitz, durch grosse, oft unregelmässig gestaltete Oeffnungen communicirend. Die Mündung besteht aus 12—23 radialen Spalten. Kammern äusserlich mehr oder weniger deutlich abgegrenzt, und in verschiedenem Maasse herabragend. Wenn die jüngsten Kammern bis zum Nucleus reichen, entstehen

Gehäuse wie sie in Fig. 17 und 18 dargestellt sind. Es umfassen die beiden letzten Kammern die vorhergehenden von zwei Seiten etwa zur Hälfte, während die zwei oder drei ersten Kammern als knopfartiger Vorsprung hervorragen, so dass die Gehäuse die Gestalt einer Knospenzwiebel haben, und sich der von ROEMER dargestellten Form sehr nähern. Bei diesen Formen beträgt die Dicke etwa die Hälfte der Breite.

Wenn dagegen die letzten Kammern weniger herabragen, so bleiben die älteren Theile der Schale unbedeckt, und es entstehen Gehäuse, wie sie in Fig. 21—24 dargestellt sind, und welche mit den miocänen *Guttulina austriaca* und *problema* D'ORB. übereinstimmen. Solche Formen haben eine Länge von 1,05—1,36 und eine Breite von 0,73—1,02 mm.

Diese letztgenannten Formen müssen wohl als eine weitere Entwicklungsstufe der erst beschriebenen angesehen werden, und finden sich die allmählichsten Uebergänge zwischen den beiden.

Die Zahl der Kammern beträgt 6—12.

Geweihartige Ueberrindungen wurden bei mehreren Exemplaren beobachtet, welche dadurch mit *Gutt. damaecornis* REUSS grosse Aehnlichkeit erhielten.

Untersucht wurden 150 Exemplare.

Vorkommen: Kreidemergel ohne Feuersteine allenthalben. Die verschiedenen Formen fanden sich an den Fundpunkten stets zusammen.

Genus Pyrulina.

Pyrulina acuminata D'ORB. sp.

Taf. X, Fig. 54—59.

1840. *Pyrulina acuminata* D'ORB., Mem. soc. géol. Fr., p. 43, tab. 4, fig. 18, 19.

Anfangskammer oval, 0,14—0,20 mm lang und 0,09—0,11 mm breit. Darüber wenig aufgetriebene Kammern, die äusserlich nur durch dunkle Linien, in der Jugend auch wohl durch schwache Einsenkungen markirt sind. Die Kammern stehen mit einander durch runde Oeffnungen in Verbindung, die Mündung besteht aus

7—25 radialen Spalten. Die Kammern ordnen sich spiral, und zwar so, dass das untere Drittel der vorhergehenden Kammer unverdeckt bleibt. Im Alter ist das Grössenwachsthum geringer, als in der Jugend. Alte Schalen bilden daher einen stumpfen, junge einen spitzen Kegel. Durch die Anordnung der Kammern gehört die Form zu *Pyrulina* D'ORB., doch finden sich, wenn auch selten, Uebergänge zu *Polymorphina* in engerem Sinne, und *Guttulina*.

Die Höhe beträgt 0,96—2,36 mm, die Breite und Dicke 0,67 bis 1,31 mm. Untersucht wurden 70 Exemplare.

Vorkommen: Kreidemergel ohne Feuersteine am Schneeberg und Friedrichsberg, selten.

Genus Pleurostomella REUSS.
Pleurostomella subnodosa REUSS.
Taf. XII, Fig. 30—38.

1840. *Pleurostomella subnodosa* REUSS, Foraminiferen der westfälischen Kreide, p. 59, tab. 8, fig. 2.

Die kleine Anfangskammer ist oval, die folgenden Kammern sind nicht zusammengedrückt, und besitzen eine unterhalb der Spitze gelegene Einsenkung, in welcher die halbmondförmige Mündung liegt. Von dieser Mündung reicht eine zweilappige Kalklamelle bis zur Basis, wodurch die Mündung selbst bis auf eine sichelförmige Spalte verengt wird. Die beiden Lappen der Lamelle vereinigen sich in späterem Alter, so dass dieselbe einen hohlen Strang darstellt, welcher die ganze Schale der Länge nach durchzieht.

Die späteren Kammern umfassen die vorhergehenden allemal auf der Seite stärker, auf welcher diese die Mündung tragen, und entwickeln selbst eine solche auf der entgegengesetzten Seite. Die Anordnung der Kammern wird dadurch unregelmässig zweizeilig. Aeusserlich sind die Kammern durch tiefe Einsenkungen von einander abgesetzt. Das Gesammtaussehen ist dem mancher Polymorphinen nicht unähnlich, deren fein poröse Schalenstruktur auch bei *Pleurostomella* vorhanden ist. Der wichtigste Unterschied liegt in der Mündung, und der Längsröhre.

Die Zahl der Kammern betrug 8—11. Die Länge 2,80 bis 4,00 ^{mm}, die Dicke unten 0,36—0,45 ^{mm} und oben 0,90—1,00 ^{mm}. Der Durchmesser der inneren Röhre 0,036—0,091 ^{mm}. Die von Reuss abgebildeten Stücke stimmen bis auf die wulstige Umrandung der Mündung mit den Aachener Exemplaren vollkommen überein, erreichen aber kaum $1/3$ der Grösse derselben, obwohl sie in der Zahl der Kammern übereinzustimmen scheinen. Untersucht wurden 14 Exemplare.

Vorkommen: Kreidemergel ohne Feuerstein an der Nordseite des Friedrichsberges, und am alten Wege nach Vaals. Sehr selten.

Genus Virgulina.

Virgulina tegulata Reuss [1]).

Taf. XIII, Fig. 1—7.

1846. *Virgulina tegulata* Reuss, Böhmische Kreide I, p. 40, tab. 13, fig. 81.

Die Anfangskammer ist kugelig oder eiförmig, und hat einen Durchmesser von 0,073—0,191 ^{mm}. Die folgenden Kammern sind hakenförmig und ziemlich flach, sie sind regelmässig zweizeilig angeordnet. Je nach der Grösse der Struktur, nach dem Grade, in dem die folgenden Kammern die vorhergehenden umfassen, und nach dem Grössenwachsthum entstehen so lancettliche bis lineare Schalen, welche durch alle Uebergänge mit einander verknüpft sind. Die Mündung ist spaltförmig, die Oeffnung der ver-

---

[1]) In dem Manuskript Beissel's wird diese Form an *Polymorphina* angereiht, und in der Einleitung ausdrücklich zur Familie der *Polymorphinidae* gerechnet. Im »Aachener Sattel« wird sie unter den Lageniden aufgezählt (S. 140). Ist indessen die Angabe über die Struktur der Schale, speciell das Fehlen von Schalenporen richtig, woran ich bei der Sorgfalt der Beissel'schen Untersuchungen nicht zweifele — eigene Beobachtungen wurden nicht gemacht —, so kann die Art natürlich nicht bei den Perforaten ihren Platz haben. Zur Gattung *Virgulina* d'Orb., nach v. Zittel eine Untergattung von *Bulimina* (Handbuch I, p. 91), kann die Art aus dem gleichen Grunde nicht gehören.   H.

deckten Kammern ist oft durch Resorption eines Theiles der Scheidewand vergrössert. Die Zahl der Kammern betrug 4—9 jederseits. Als unregelmässige Bildungen finden sich häufig Exemplare, bei denen eine spirale Drehung der Schale dadurch entstanden ist, dass einige Kammern nicht in einer Ebene liegen.

Die Länge der untersuchten Stücke betrug $0{,}618 - 1{,}363^{mm}$, die Dicke $0{,}145 - 0{,}273^{mm}$, die Breite unten $0{,}073 - 0{,}218^{mm}$, oben $0{,}273 - 0{,}436^{mm}$.

Die Schalenstructur ist vollständig dicht, wie bei den Miloliden. Poren wie sie bei den Lageniden vom gleichen Fundort leicht beobachtet werden können, fehlen vollständig, auch eine etwaige spätere Ausfüllung derselben ist nicht wahrzunehmen.

Untersucht wurden 203 Exemplare.

Vorkommen: Obere Mucronatenmergel (mit Feuersteinen), hauptsächlich an der Grenze gegen die tieferen Schichten.

Fundort: Gelbe Mergel des Schneeberges bei Vaals, oberhalb der Steinbrüche nach Lemiers zu. Häufig.

Genus Bulimina d'Orb.
Bulimina laevis Beissel.
Tafel XII, Fig. 39—43.

Die Anfangskammer ist kugelig, von sehr verschiedener Grösse. Die späteren Kammern sind blasenförmig, umfassen einander stark, und sind in 4—5 spiralen Windungen angeordnet. Die Mündung ist spaltförmig, gebogen, und liegt auf der vorderen Seite der letzten Kammer, sie reicht bis zur Oberfläche der vorhergehenden Kammer herab, und zieht sich dann noch auf der Grenze der beiden letzten Kammern etwas abwärts. Die verdeckten Kammern stehen durch rundliche Löcher mit einander in Verbindung. Je nach den Wachsthumsverhältnissen der Kammern entstehen zwei in ihren extremen Formen recht verschieden aussehende Reihen, die eine, kleinere, ist unten gerundet, und von ovaler Gestalt (Fig. 42—43), die andere, grössere, ist unten zugespitzt, mehr gestreckt, und hat die Gestalt eines Traubenkernes (Fig. 39—41). Beide Formen sind indessen durch alle Uebergänge verbunden, und daher als Species nicht zu trennen. Die Anzahl der Kammern liess sich nicht feststellen, weil die gewöhnliche Ausfüllung der Kammern mit Kalkspath die Herstellung von künstlichen Steinkernen unmöglich machte, und die älteren Kammern äusserlich nur undeutlich oder gar nicht von einander abgesetzt sind.

Die Abmessungen der ovalen Form waren: Länge 0,54—0,80^{mm}, Breite am Nucleus 0,13—0,14^{mm}, grösste Breite 0,31—0,45^{mm}. Die verlängerte Form war dagegen 0,54—0,89^{mm} lang, unten 0,05—0,07^{mm} und oben 0,34—0,47^{mm} breit.

Untersucht wurden 40 Exemplare.

Vorkommen: Kreidemergel ohne Feuerstein am Friedrichsberg und bei Vaals, sehr selten. Etwas häufiger in den höheren, gelb gefärbten Mergeln über den Steinbrüchen bei Lemiers.

Die im Nachstehenden aufgeführten Formen hat BEISSEL in seinem Manuskript nicht mehr vollständig abgehandelt. Nur von einigen Arten fanden sich kurze Notizen in den Papieren und der Tafelerklärung. Dieselben sind bei den Bemerkungen benutzt worden, soweit es ging. Eine auch nur einigermaassen vollständige Beschreibung liess sich indessen, wie dies bereits in der Einleitung gesagt wurde, hieraus nicht zusammen stellen, bei manchen Formen fehlen Bemerkungen überhaupt. H.

Genus Textularia DEFR.

Im »Aachener Sattel« sind zwei *Textularia*-Arten citirt, nach seinen Zeichnungen unterschied BEISSEL ausserdem noch 3 Arten, die aber nicht benannt resp. bestimmt worden sind.

1. Textularia bolivinoides REUSS.

Tafel XIII, Fig. 8—13.

Textularia bolivinoides REUSS, Foraminiferen der westfälischen Kreide, p. 91, Taf. XII, Fig. 6.

Die Abbildungen stellen zwei Exemplare dar, Fig. 8, 9 und 13 das eine, 10, 11, 12 das andere. Beide unterscheiden sich von einander durch etwas abweichende Gestalt, das erste Exemplar ist mehr konisch, das andere mehr pfriemenförmig. Die Anzahl der Kammern beträgt bis zu 28. Die Schale enthält nur wenig Sand.

Die Art ist selten in den Kreidemergeln des Friedrichsberges.

2. Textularia anceps Reuss.

Tafel XIII, Fig. 14, 16.

Textularia anceps Reuss, Foraminiferen der westfälischen Kreide, p. 90, Taf. XIII, Fig. 2.

Die Schale ist breit, niedrig kegelförmig, und sehr sandig. Die Art findet sich häufig in den unteren Mucronatenmergeln am Friedrichsberg, Schneeberg und Preussberg.

3. Textilaria sp.

Tafel XIII, Fig. 17—19.

Fig. 17 und 18 stellen dasselbe Exemplar von verschiedenen Seiten, Fig. 19 ein anderes Exemplar, dessen Kammern mit Luft gefüllt sind, bei durchfallendem Lichte dar. In der Tafelerklärung begleitet Beissel die Bestimmung als *Textilaria* mit einem Fragezeichen. Die Exemplare stammen aus der weissen Schreibkreide von Henry-Chapelle.

4. Textularia sp.

Taf. XIII, Fig. 20—22.

Ein stumpf kegelförmiges Exemplar einer *Textularia* aus dem Kreidemergel des Friedrichsberges.

5. Textularia cf. conulus Reuss.

Taf. XIII, Fig. 23—29.

Textularia conulus Reuss, Böhmische Kreide I, p. 38, tab. 13, fig. 75, tab. 8, fig. 59.

Fig. 26 stellt die Mündung einer verdeckten Kammer dar. Die Scheidewände der Kammern bilden gleichsam Falten auf der

Schalenoberfläche (Fig. 23); über der in einer Einsenkung gelegenen Mündung erhebt sich eine Art von Schutzdach (Fig. 24 und 25), welches bei allen gut erhaltenen Stücken gefunden wurde. Fig. 27 und 28 stellen Längsschliffe zweier Exemplare dar, nach dem letzteren ist der schematische Längsschnitt Fig. 29 entworfen worden.

Vorkommen: Kreidemergel am Friedrichsberg.

Genus Gaudryina.

Gaudryina rugosa d'Orb.

Taf. XIII, Fig. 30—37.

Gaudryina rugosa d'Orb., Mémoire sur les Foraminiferes de la craie blanche, p. 44, tab. 4, fig. 20—21.
Verneuilina tricarinata d'Orb., ibid. p. 39, tab. 4, fig. 3, 4.
» *Bronnii* Reuss, Böhmische Kreide I, p. 38, tab. 12, fig. 5.

Fig. 30—33 stellen dasselbe Exemplar von verschiedenen Seiten dar; in der Jugend dreikantig, mit dreizeiliger Anordnung der Kammern, wird die Schale im Alter vierkantig, und besitzt zweizeilig geordnete Kammern, wie dies die Fig. 31 zeigt. *Verneuilina tricarinata*, welche dieselbe rauhe Schale, und die äusserlich undeutlich abgesetzten Kammern besitzt, ist nur die dreizeilige Jugendform dieser Art. Stets sind nur 16 Kammern dreizeilig, sowie sich die 17. Kammer bildet, beginnt die zweizeilige Anordnung, d. h. mit der 17. Kammer geht die *Verneuilina* in die *Gaudryina* über. — Fig. 34 stellt die Schalenoberfläche des Fig. 35 dargestellten Exemplares, in starker Vergrösserung dar, anscheinend ist dieselbe etwas verwittert. — *Verneuilina Bronnii* Reuss dürfte kaum specifisch verschieden sein.

Die Art ist sehr häufig in den Mucronatenmergeln des Friedrichsberges.

Im »Aachener Sattel« citirt Beissel von dem gleichen Fundort als häufig *Gaudryina oxyconus* Reuss (Foraminiferen der westf. Kreide, p. 85, Taf. 13, Fig. 3). In den Notizen zu den Abbildungen fand sich über diese Art nichts vor.

Genus Bigenerina.

Bigenerina cretacea BEISSEL.

Taf. XIII, Fig. 38, 39.

Die Anfangskammer ist kugelig, und hat einen Durchmesser von 0,09 mm. Die späteren Kammern sind schräge, niedrig, und haben stark bauchige Seitenflächen. Die Kammern sind wechselständig, oder sehr unvollkommen und unregelmässig zweizeilig, sie umfassen sich in verschiedenem Grade. Das Gehäuse bekommt dadurch eine unsymmetrische Gestalt. Die Endfläche der letzten Kammer trägt in einer flachen Einsenkung die rundliche, meist flach umrandete Mündung. Die Oeffnungen der verdeckten Kammern sind stark erweitert.

Obwohl ein Uebergang zu regelmässig einzeiliger Anordnung der Kammern nicht beobachtet wurde, so betrachte ich doch die Art als eine in ihrer Entwickelung noch nicht abgeschlossene *Bigenerina*, z. Th. auch wegen der Lage und Form der Mündung. Die Schale ist sehr rauh.

Die Länge beträgt 1,27 — 1,48, die grösste Breite 0,58 bis 0,72 mm, die Zahl der Kammern bis zu 13. Untersucht wurden 12 Exemplare.

Vorkommen: Sehr selten in den untersten Kreidemergeln des Preussberges am Wege nach Gemmenich.

Genus Webbina D'ORB.

Webbina rugosa D'ORB.

Taf. XIII, Fig. 40 — 42.

Webbina rugosa D'ORB., Foraminiferen des Wiener Tertiärbeckens, p. 73, tab. 21, fig. 11, 12.

Die rauhe Schale besteht aus bis zu 6 unregelmässigen, ungleich anwachsenden Kammern, die sich unregelmässig aneinanderreihen, und sämmtlich mit einer breiten Fläche festgewachsen, und

II. Perforata. 71

durch sehr tiefe Einschnürungen von einander getrennt sind. Die Mündung ist rund, auf einem kurzen Vorsprung gelegen. Die sämmtlichen untersuchten Stücke stammen aus den Kreidemergeln des Friedrichsberges. Fig. 40 sitzt auf einer Austernschale, Fig. 41 auf einer *Cristellaria rotulata*, Fig. 42, eine Endkammer mit erhaltener Mündung, auf einem Lunulites. Die Mündung ragt etwas über die Unterlage hervor. — D'ORBIGNY beschrieb diese Art als bei Teneriffa lebend.

Genus Globigerina.
Globigerina cretacea D'ORB.
Taf. XIII, Fig. 43—47.

Globigerina cretacea D'ORB., Mémoires sur les Foraminifères de la craie blanche, p. 34, tab. 3, fig. 12—14.

Die rauhe Schale, welche aus 2—2½ Umgängen besteht, ist stark niedergedrückt — nach D'ORBIGNY das Hauptkennzeichen der Art —, ziemlich eng genabelt, und besitzt bis zu 13 Kammern, die durch tiefe Einschnürungen von einander abgesetzt sind.

Fig. 43 stellt ein Exemplar dar, welches mittelst verdünnten Terpentins durchsichtig gemacht wurde. Fig. 44—47 ein anderes Exemplar von verschiedenen Seiten gesehen. Die Mündung in Fig. 44 ist nicht vollständig erhalten.

Die Art ist nicht häufig in den Kreidemergeln des Friedrichsberges.

Genus Rotalia.
1. Rotalia nitida REUSS.
Taf. XIV, Fig. 14—19.

Rotalia nitida REUSS, Böhmische Kreide I, p. 35, tab. 8, fig. 52.

Die Schale besteht aus 4 Windungen, die Kammern — bis zu 28 — umfassen einander auf der einen Seite vollständig, auf der anderen dagegen nur schwach, sie sind demnach als reitende zu bezeichnen.

Die Art ist häufig bei Vaals in den Kreidemergeln am Fuss des Schneeberges. Der Steinkern Fig. 19 ist von einem Exemplar vom Preussberg.

2. Rotalia cf. Bouei D'ORB. [1])

Taf. XIV, Fig. 25—29.

Rotalia Boueana D'ORB., Foraminiferen des Wiener Tertiärbeckens, p. 152, tab. 7, fig. 25—27.

Die Schale ist sehr stark glänzend, die Kammern sind auf der flachen Seite durch deutliche Wülste von einander geschieden. Der äussere Rand ist scharf gekielt. Ein Nabel ist nicht vorhanden, und an der Stelle, wo sonst die Rotalien die Mündung tragen, ist von einer Oeffnung nichts zu sehen. Die spaltförmige Mündung liegt auf dem Kiel der letzten Kammer. Die Verbindung der verdeckten Kammern wird durch eine rundliche, mehr oder weniger unregelmässige Oeffnung gebildet.

Vorkommen: Im Grünsand des Aachener Waldes an der Lütticher Landstrasse.

3. Rotalia cf. Kalembergensis D'ORB.

Taf. XIV, Fig. 11—13.

Rotalia Kalembergensis D'ORB., Foraminiferen des Wiener Tertiärbeckens, p. 151, tab. 7, fig. 19—20.

Diese recht constante Form ist besonders durch die auf der gewölbten Seite weit stehenden, groben Poren charakterisirt. Die erhabenen Leisten, welche äusserlich die einzelnen Kammern trennen, sind ohne diese groben Poren. Die flach gewölbte Seite unterscheidet sich von der Darstellung der *R. Kalembergensis* bei D'ORBIGNY durch ihre glänzende Oberfläche, auf welcher Poren nicht wahrnehmbar sind.

Die Art ist häufig in den Kreidemergeln des Friedrichsberges. Das abgebildete Exemplar stammt aus der weissen Kreide von Henry-Chapelle.

---

[1]) Bis auf die eigenthümliche Mündung scheint diese Art übereinzustimmen mit *R. exculpta* REUSS. (Foram. der westf. Kreide, Taf. 9, Fig. 4.) H.

4. Rotalia sp.
Taf. XIV, Fig. 20—24.

Diese Art steht am nächsten der oben als *R.* cf. *Bouei* aufgeführten Art, ist aber besonders durch die sehr starke, schwielige Verdickung der Unterseite verschieden. Form und Lage der ersten Kammern konnten nicht beobachtet werden, wegen mangelnden Materials, da sich die Art nur sehr selten in den unteren Kreidemergeln des Schneeberges bei Vaals fand. Zwei angeschliffene Exemplare (Fig. 23 und 24) gaben keinen Aufschluss über diese Punkte.

5. Rotalia aspera EHRENB.[1]
Taf. XIV, Fig. 1—6.

Rotalia aspera EHRENBERG, Microgeologie, tab. 27, fig. 57, 58.

Die sehr rauhe Schale hat kugelige Kammern, welche drei Umgänge bilden. Fig. 1 und 2 stellen 2 Exemplare bei durchfallendem Licht dar. — Die Art ist häufig in den Kreidemergeln. Die gezeichneten Exemplare stammen aus der weissen Kreide von Henry-Chapelle.

6. Rotalia Michelini D'ORB.
Taf. XIV, Fig. 7—10.

Rotalia Micheliniana D'ORB., Mémoire sur les Foraminifères de la craie blanche, p. 31, tab. 3, fig. 1—3.

Diese Art kommt in den Kreidemergeln ohne Feuerstein vor. Zuweilen wurde beobachtet, dass neben normal aufgerollten Exemplaren auch solche von entgegengesetzter Aufwickelung der Kammern vorkommen (vergl. Fig. 8 und 9). Die Mündung der verdeckten Kammern ist von gleicher Gestalt, wie die der letzten;

---

[1] Diese Art dürfte kaum verschieden sein von *Globigerina cretacea* D'ORB. (vergl. S. 71), mit der auch R. JONES und PARKER die EHRENBERG'sche Art vereinigten. Die Angabe J. BEISSEL's im »Aachener Sattel« (S. 137), dass die englischen Autoren die Art als selbstständig betrachteten (On the nomenclature of the Foraminifera, S. 294) beruht auf einem Missverständniss. H.

74 II. Perforata.

bei Fig. 8 ist die letzte Kammer weggebrochen, um dies zu zeigen. Die abgebildeten Stücke stammen von Henry-Chapelle.

Genus Rosalina.

1. Rosalina sp.

Tafel XIV, Fig. 30—35: Taf. XV, Fig. 1—3.

Die Schale ist ziemlich fein porös, wie das namentlich der auf Tafel XV, Fig. 3 abgebildete Steinkern zeigt. Die Fig. 35 auf Tafel XIV stellt die stärker vergrösserten inneren Kammern desselben Steinkerns dar, Tafel XV, Fig. 2 ein stark vergrössertes Schalenstückchen. Tafel XV, Fig. 1 ist ein Stück einer Kammerausfüllung bei einem Steinkern, welches mit feinen aderartigen Aestchen bedeckt ist. Die schwarze Stelle ist noch nicht aufgelöster Kalk, und vermuthlich sind die Verästelungen in dem übrigen Theil auch nur Reste der Schale, und entsprechen nicht den Kanälchen, welche EHRENBERG von Steinkernen dieser Foraminiferen-Gruppe beschrieb und abbildete, obwohl Aehnlichkeit vorhanden ist.

Die Anfangskammer ist kugelig, die folgenden sind reitend, äusserlich durch tiefe Einschnürungen getrennt.

Bei Fig. 30, Tafel XIV sind die Poren durch Imprägniren mit Carminlösung sichtbar gemacht.

Die abgebildeten Stücke stammen aus den Kreidemergeln des Friedrichsberges.

2. Rosalina ammonoides REUSS.

Tafel XVI, Fig. 1—5.

Rosalina ammonoides REUSS, Böhmische Kreide I, p. 36, tab. XIII, fig. 66.

Diese weit verbreitete Art ist nicht selten in den Kreidemergeln des Friedrichsberges. Sie ist verhältnissmässig leicht kenntlich an den wenig umfassenden Windungen, und den durch seichte Einschnürungen getrennten Kammern.

II. Perforata.

3. Rosalina Clementina d'Orb.
Tafel XVI, Fig. 6—16.

Rosalina Clementina d'Orb., Mémoire sur les Foraminifères de la craie blanche, p. 37, Tafel 3, Fig 23—25.

Eine sehr veränderliche Art, welche oft genabelt ist, bei der aber auch oft der Nabel durch eine mehr oder weniger dicke Schwiele zugeklebt ist. Die Kammern sind äusserlich durch Leisten abgetrennt, bei grossen Exemplaren, wie ein solches in den Fig. 7, 8 und 15 in 3 Ansichten dargestellt ist, treten diese Leisten bei den letzten Kammern nicht hervor. Auf der stärker gewölbten Seite sind die Leisten stets schwach entwickelt. Zuweilen sind die Kammerbegrenzungen äusserlich ganz unregelmässig (Fig. 8), namentlich bei grossen Exemplaren, was scheinbar seinen Grund in äusseren Verletzungen, z. Th. auch in der schlechten Erhaltung seinen Grund hat.

Die Art kommt häufig in der Schreibkreide von Henry-Chapelle vor.

4. Rosalina sp.
Tafel XVI, Fig. 17—22.

Diese Form ist wohl ident mit der unbenannten Art Seite 72 Tafel XIV, Fig. 20—24, und stellt nur kleinere Individuen dar, wie sie im Grünsand des Aachener Waldes an der Lütticher Landstrasse vorkommen, während jene aus den Mucronatenschichten stammt. Die Exemplare aus dem Grünsand unterscheiden sich im Wesentlichen durch die abweichende Stellung und Ausbildung der Wülste, welche auf der Oberfläche die Kammergrenzen anzeigen.

Genus Truncatulina.

1. Truncatulina sp.
Tafel XV, Fig. 4—11.

Die Schale ist von dichtstehenden, feinen Poren durchsetzt, welche so zahlreich sind, dass bei der Herstellung der Steinkerne die äussere Gestalt des Gehäuses erhalten blieb (Fig. 6).

Findet sich selten in den Kreidemergeln des Preussberges.

2. Truncatulina sp.

Tafel XV, Fig. 12—20.

Auch bei dieser Art stehen die Poren in ähnlicher Weise dicht gedrängt, wie bei der vorigen Art. Die Oberfläche ist stark runzelig, und bei manchen Exemplaren bemerkt man keine Spur einer Mündung. Bei anderen Exemplaren ist eine spaltförmige Oeffnung von verschiedener Form und Länge vorhanden. Bei Fig. 14 ist ein Spalt auf der Unterseite, der sich über 3 Kammern erstreckt, bei Fig. 8 liegt ein kurzer, weiter Spalt auf der Oberseite der letzten Kammer, derselbe ist etwas umrandet; das Exemplar ist ein grösseres, als das Fig. 8 gezeichnete. Dasselbe Stück zeigt auf der Unterseite rundliche Knoten, und mehrere unverdeckt gebliebene Mündungen älterer Kammern. Fig. 16 und 19 stellen ein noch grösseres Exemplar von oben und unten dar, unten trägt dasselbe in der Mitte eine weite, spaltförmige Oeffnung. Die Anordnung und Form der Kammern ist ziemlich unregelmässig, wie dies besonders der Anschliff Fig. 20 zeigt.

Die Art ist selten in den Kreidemergeln des Friedrichsberges.

Alphabetisches Verzeichniss.

(Die beschriebenen Arten sind gesperrt gedruckt).

	Seite		Seite
Bigenerina cretacea Beissel	69	*Flabellina rugosa* d'Orb.	47
Bulimina d'Orb.	66	Frondicularia Lam.	39
Bulimina laevis Beissel	66	Fr. angustata Roem.	41
Cornuspiridae v. Zittel	12	Fr. angustissima Reuss	41
Cristellaria	52	Fr. angusta Nilss.	41
Cristellaria Hagenowi Reuss	55	Fr. Archiaci d'Orb.	39
Cr. harpa Reuss	54	Fr. inversa Reuss	7, 44
Cr. navicula d'Orb.	53	Fr. radiata Reuss	45
Cr. recta d'Orb.	55	Fr. solea v. Hag	39
Cr. rotulata Lam.	7, 55	Fr. striatula Reuss	39
Cr. triangularis d'Orb.	53	Fr. strigillata Reuss	42
Cr. umbilicata Beissel	56	Fr. Verneuili d'Orb.	41
Dentalina acuta d'Orb.	7, 37	Glandulina aequalis Egger	27
D. communis d'Orb.	32	Gl. candela Egger	27
D. globuligera Neugeb.	31	Gl. cylindracea Reuss	27
D. incrassata Beissel	35	Gl. ? laevigata d'Orb.	29
D. Lorneyi d'Orb.	34	Gaudryina oxyconus Reuss	69
D. monile v. Hag.	31	G. rugosa d'Orb.	69
D. multilineata Beissel	38	Globigerina cretacea d'Orb.	3, 71
D. polyphragma Reuss	38	Guttulina austriaca d'Orb.	62
D. propinqua Beissel	7, 35	G. damaecornis Reuss	62
Flabellina d'Orb.	45	G. glomerata Reuss	62
Flabellina Archiaci Beissel	46	G. problema d'Orb.	62
Fl. Baudouini d'Orb.	49	Haplophragmium Reuss	15
Fl. cordata Reuss	46	*H. bulloides* Beissel	17
Fl. elliptica Nilss.	46	*H. compressum* Beissel	16
Fl. favosa Beissel	49	H. grande Reuss	18
Fl. interpunctata v. d. Mark	47	*H. inflatum* Beissel	19
Fl. inversa Beissel	45	H. Murchisoni Reuss	15
Fl. radiata Beissel	48	Haplostiche Reuss	22

Alphabetisches Verzeichniss.

	Seite
Imperforata Carp.	12
Lagena emaciata Reuss	3
Lagenidae	24
Lenticulites rotulata Lam.	55
Lituola	12
L. aquisgranensis Beissel	12
L. aquisgranensis var. *conica* Beissel	13
Marginulina d'Orb.	51
M. costulata Reuss	50
M. elongata d'Orb.	52
M. ensis Reuss	51
Nodosaria Beyrichi Neuger.	27
N. cylindracea Reuss	27
N. incerta Neugeb.	27
N. laevigata d'Orb.	29
N. monile v. Hag	31
N. Lorneyi d'Orb.	34
N. Zippei Reuss	30
Perforata Carp.	24
Planorbulina farcta F. u. M.	3
Planularia angusta Nilss.	41
Planulina ariminensis d'Orb.	3
Pleurostomella Reuss	64
P. subnodosa Reuss	64
Polymorphina Williamson	57
P. communis d'Orb.	60
P. glommerata Roem.	62
P. complanata Reuss	58
P. Proteus Beissel	59
P. sp.	23
P. Thouini d'Orb.	3
Polyphragma	20
P. variabile d'Orb.	20
Pulvinulina repanda	3

	Seite
Pyrulina acuminata d'Orb.	63
Rotalia aspera Ehrenb.	3, 73
R. Bouei d'Orb.	71
R. Kohlembergensis d'Orb.	72
R Michelini d'Orb.	73
R. nitida Reuss	71
R. sp.	72
Rosalina ammonoides Reuss	74
R. Clementina d'Orb.	74
R. sp.	73, 75
Sphaeroidina bulloides Reuss	3
Spirulina grandis Reuss	18
Textilaria agglutinans d'Orb.	3
T. anceps Reuss	68
T. conulus Reuss	68
T. gibbosa d'Orb.	3
T. bolivinoides Reuss	67
T. sagittula Defr.	3
T. sp.	68
T. striata d'Orb.	3
Triplasia Murchisoni Reuss	11, 16
Trochamina Park. u. Jon.	22
Tr. recta Beissel	22
Truncatulina sp.	75
Vaginulina d'Orb	49
V. costulata Roem.	50
Verneuilina Bronni Reuss	69
V. pygmaea Egger	3
V. tricarinata d'Orb.	69
Virgulina Hemprichi Ehrenb.	3
V. Schreibersi Cziz.	3
V. squamosa d'Orb.	3
V. tegulata Reuss	65
Webbina d'Orb.	70
W. rugosa d'Orb.	70

A. W. Schade's Buchdruckerei (L. Schade) in Berlin, Stallschreiberstr. 45/46.

Publicationen der Königl. Preussischen geologischen Landesanstalt.

Die mit † bezeichneten Karten u. Schriften sind in Commission bei Paul Parey hier, alle übrigen in Commission bei der Simon Schropp'schen Hoflandkartenhandlung (J. H. Neumann) hier erschienen.

I. Geologische Specialkarte von Preussen u. den Thüringischen Staaten.

Im Maafsstabe von 1 : 25 000.

(Preis { für das einzelne Blatt nebst 1 Heft Erläuterungen . . . 2 Mark.
» » Doppelblatt der mit obigem † bez. Lieferungen 3 »
» » » » übrigen Lieferungen . . . . . . 4 »)

			Mark
Lieferung 1.	Blatt	Zorge, Benneckenstein, Hasselfelde, Ellrich, Nordhausen*), Stolberg	12 —
» 2.	»	Buttstedt, Eckartsberga, Rosla, Apolda, Magdala, Jena*)	12 —
» 3.	»	Worbis, Bleicherode, Hayn, Ndr.-Orschla, Gr.-Keula, Immenrode	12 —
» 4.	»	Sömmerda, Cölleda, Stotternheim, Neumark, Erfurt, Weimar	12 —
» 5.	»	Gröbzig, Zörbig, Petersberg	6 —
» 6.	»	Ittersdorf, *Bouss, *Saarbrücken, *Dudweiler, Lauterbach, Emmersweiler, Hanweiler (darunter 3 * Doppelblätter)	20 —
» 7.	»	Gr.-Hemmersdorf, *Saarlouis, *Heusweiler, *Friedrichsthal, *Neunkirchen (darunter 4 * Doppelblätter) . .	18 —
» 8.	»	Waldkappel, Eschwege, Sontra, Netra, Hönebach, Gerstungen	12 —
» 9.	»	Heringen, Kelbra nebst Blatt mit 2 Profilen durch das Kyffhäusergebirge sowie einem geogn. Kärtchen im Anhange, Sangerhausen, Sondershausen, Frankenhausen, Artern, Greussen, Kindelbrück, Schillingstedt	20 —
» 10.	»	Wincheringen, Saarburg, Beuren, Freudenburg, Perl, Merzig	12 —
» 11.	» †	Linum, Cremmen, Nauen, Marwitz, Markau, Rohrbeck	12 —
» 12.	»	Naumburg, Stössen, Camburg, Osterfeld, Bürgel, Eisenberg	12 —

*) (Bereits in 2. Auflage).

			Mark
Lieferung	13.	Blatt Langenberg, Grossenstein, Gera, Ronneburg	8 —
»	14.	» † Oranienburg, Hennigsdorf, Spandow	6 —
»	15.	» Langenschwalbach, Platte, Königstein, Eltville, Wiesbaden, Hochheim	12 —
»	16.	» Harzgerode, Pansfelde, Leimbach, Schwenda, Wippra, Mansfeld	12 —
»	17.	» Roda, Gangloff, Neustadt, Triptis, Pörmitz, Zeulenroda	12 —
»	18.	» Gerbstedt, Cönnern, Eisleben, Wettin	8 —
»	19.	» Riestedt, Schraplau, Teutschenthal, Ziegelroda, Querfurt, Schafstädt, Wiehe, Bibra, Freiburg	18 —
»	20.	» † Teltow, Tempelhof, *Gr.-Beeren, *Lichtenrade, Trebbin, Zossen (darunter 2 * mit Bohrkarte und Bohrregister)	16 —
»	21.	» Rödelheim, Frankfurt a. M., Schwanheim, Sachsenhausen	8 —
»	22.	» † Ketzin, Fahrland, Werder, Potsdam, Beelitz, Wildenbruch	12 —
»	23.	» Ermschwerd, Witzenhausen, Grossalmerode, Allendorf (die beid. letzteren m. je 1 Profiltaf. u. 1 geogn. Kärtch.)	10 —
»	24.	» Tennstedt, Gebesee, Gräfen-Tonna, Andisleben . .	8 —
»	25.	» Mühlhausen, Körner, Ebeleben	6 —
»	26.	» † Cöpenick, Rüdersdorf, Königs-Wusterhausen, Alt-Hartmannsdorf, Mittenwalde, Friedersdorf	12 —
»	27.	» Gieboldehausen, Lauterberg, Duderstadt, Gerode . .	8 —
»	28.	» Osthausen, Kranichfeld, Blankenhain, Kahla, Rudolstadt, Orlamünde	12 —
»	29.	» † Wandlitz, Biesenthal, Grünthal, Schönerlinde, Bernau, Werneuchen, Berlin, Friedrichsfelde, Alt-Landsberg. (Sämmtlich mit Bohrkarte und Bohrregister)	27 —
»	30.	» Eisfeld, Steinheid, Spechtsbrunn, Meeder, Neustadt an der Heide, Sonneberg	12 —
»	31.	» Limburg, Eisenbach (nebst 1 Lagerstättenkarte), Feldberg, Kettenbach (nebst 1 Lagerstättenkärtchen), Idstein	12 —
»	32.	» † Calbe a. M., Bismark, Schinne, Gardelegen, Klinke, Lüderitz. (Mit Bohrkarte und Bohrregister) . . .	18 —
»	33.	» Schillingen, Hermeskeil, Losheim, Wadern, Wahlen, Lebach	12 —
»	34.	» † Lindow, Gr.-Mutz, Kl.-Mutz, Wustrau, Beetz, Nassenheide. (Mit Bohrkarte und Bohrregister) . .	18 —
»	35.	» † Rhinow, Friesack, Brunne, Rathenow, Haage, Ribbeck, Bamme, Garlitz, Tremmen. (Mit Bohrkarte und Bohrregister)	27 —
»	36.	» Hersfeld, Friedewald, Vacha, Eiterfeld, Geisa, Lengsfeld	12 —
»	37.	» Altenbreitungen, Wasungen, Oberkatz (nebst 1 Profiltafel), Meiningen, Helmershausen (nebst 1 Profiltafel)	10 —

			Mark
Lieferung 38.	Blatt † Hindenburg, Sandau, Strodehne, Stendal, Arneburg, Schollene. (Mit Bohrkarte und Bohrregister) . . .		18 —
» 39.	» Gotha, Neudietendorf, Ohrdruf, Arnstadt (hierzu eine Illustration)		8 —
» 40.	» Saalfeld, Ziegenrück, Probstzella, Liebengrün . . .		8 —
» 41.	» Marienberg, Rennerod, Selters, Westerburg, Mengerskirchen, Montabour, Girod, Hadamar. (Im Erscheinen)		16 —
» 42.	» † Tangermünde, Jerichow, Vieritz, Schernebeck, Weissewarthe, Genthin, Schlagenthin. (Mit Bohrkarte und Bohrregister)		21 —
» 43.	» † Rehhof, Mewe Münsterwalde, Marienwerder (Mit Bohrkarte und Bohrregister)		12 —
» 44.	» Coblenz, Ems, Schaumburg, Dachsenhausen, Rettert		10 —
» 45.	» Melsungen, Lichtenau, Altmorschen, Seifertshausen, Ludwigseck, Rotenburg. (Im Erscheinen) . . .		12 —
» 47.	» † Heilsberg, Gallingen, Wernegitten, Siegfriedswalde. (Mit Bohrkarte und Bohrregister)		12 —
» 48.	» † Parey, Parchen, Karow, Burg, Theessen, Ziesar. (Mit Bohrkarte und Bohrregister)		18 —

II. Abhandlungen zur geologischen Specialkarte von Preussen und den Thüringischen Staaten.

Mark

Bd. I, Heft 1. **Rüdersdorf und Umgegend**, eine geognostische Monographie, nebst 1 Taf. Abbild. von Verstein., 1 geogn. Karte und Profilen; von Dr. H. Eck . . . . . 8 —

» 2. **Ueber den Unteren Keuper des östlichen Thüringens**, nebst Holzschn. und 1 Taf. Abbild. von Verstein.; von Prof. Dr. E. E. Schmid 2,50

» 3. **Geogn. Darstellung des Steinkohlengebirges und Rothliegenden** in der Gegend nördlich von Halle a. S., nebst 1 gr. geogn. Karte, 1 geogn. Uebersichtsblättchen, 1 Taf. Profile und 16 Holzschn.; von Dr. H. Laspeyres 12 —

» 4. **Geogn. Beschreibung der Insel Sylt**, nebst 1 geogn. Karte, 2 Taf. Profile, 1 Titelbilde und 1 Holzschn.; von Dr. L. Meyn . . . . 8 —

Bd. II, Heft 1. Beiträge zur fossilen Flora. **Steinkohlen-Calamarien**, mit besonderer Berücksichtigung ihrer Fructificationen, nebst 1 Atlas von 19 Taf. und 2 Holzschn.; von Prof. Dr. Ch. E. Weiss . . . . 20 —

» 2. † **Rüdersdorf und Umgegend**. Auf geogn. Grundlage agronomisch bearbeitet, nebst 1 geogn.-agronomischen Karte; von Prof. Dr. A. Orth . . . . 3 —

» 3. † **Die Umgegend von Berlin**. Allgem. Erläuter. z. geogn.-agronomischen Karte derselben. I. **Der Nordwesten Berlins**, nebst 10 Holzschn. und 1 Kärtchen; von Prof. Dr. G. Berendt . . . . 3 —

» 4. **Die Fauna der ältesten Devon-Ablagerungen des Harzes**, nebst 1 Atlas von 36 Taf.; von Dr. E. Kayser. . . 24 —

		Mark
Bd. III, Heft 1.	Beiträge zur fossilen Flora. II. **Die Flora des Rothliegenden** von **Wünschendorf** bei Lauban in Schlesien, nebst 3 Taf. Abbild.; von Prof. Dr. Ch. E. Weiss	5 —
» 2.	† Mittheilungen aus dem Laboratorium f. Bodenkunde d. Kgl. Preuss. geolog. Landesanstalt. **Untersuchungen des Bodens der Umgegend von Berlin**; von Dr. E. Laufer und Dr. F. Wahnschaffe	9 —
» 3.	**Die Bodenverhältnisse der Prov. Schleswig-Holstein** als Erläut. zu der dazu gehörigen Geolog. Uebersichtskarte von Schleswig-Holstein; von Dr. L. Meyn. Mit Anmerkungen, einem Schriftenverzeichniss und Lebensabriss des Verf.; von Prof. Dr. G. Berendt	10 —
» 4.	**Geogn. Darstellung des Niederschlesisch-Böhmischen Steinkohlenbeckens**, nebst 1 Uebersichtskarte, 4 Taf. Profile etc.; von Bergrath A. Schütze	14 —
Bd. IV, Heft 1.	**Die regulären Echiniden der norddeutschen Kreide**, I. Glyphostoma (Latistellata), nebst 7 Tafeln; von Prof. Dr. Clemens Schlüter	6 —
» 2.	**Monographie der Homalonotus-Arten des Rheinischen Unterdevon**, mit Atlas von 8 Taf.; von Dr. Carl Koch. Nebst einem Bildniss von C. Koch und einem Lebensabriss desselben von Dr. H. v. Dechen	9 —
» 3.	**Beiträge zur Kenntniss der Tertiärflora der Provinz Sachsen**, mit 2 Holzschn., 1 Uebersichtskarte und einem Atlas mit 31 Lichtdrucktafeln; von Dr. P. Friedrich	24 —
» 4.	**Abbildungen der Bivalven der Casseler Tertiärbildungen** von Dr. O. Speyer nebst dem Bildniss des Verfassers, und mit einem Vorwort von Prof. Dr. A. v. Koenen	16 —
Bd. V, Heft 1.	**Die geologischen Verhältnisse der Stadt Hildesheim**, nebst einer geogn. Karte; von Dr. Herm. Roemer	4,50
» 2.	Beiträge zur fossilen Flora. III. **Steinkohlen-Calamarien II**, nebst 1 Atlas von 28 Tafeln; von Prof. Dr. Ch. E. Weiss	24 —
» 3.	† **Die Werder'schen Weinberge.** Eine Studie zur Kenntniss des märkischen Bodens von Dr. E. Laufer. Mit 1 Titelbilde, 1 Zinkographie, 2 Holzschnitten und einer Bodenkarte	6 —
» 4.	**Uebersicht über den Schichtenaufbau Ostthüringens**, nebst 2 vorläufigen geogn. Uebersichtskarten von Ostthüringen; von Prof. Dr. K. Th. Liebe	6 —
Bd. VI, Heft 1.	**Beiträge zur Kenntniss des Oberharzer Spiriferensandsteins und seiner Fauna**, nebst 1 Atlas mit 6 lithogr. Tafeln; von Dr. L. Beushausen	7 —
» 2.	**Die Trias am Nordrande der Eifel** zwischen Commern, Zülpich und dem Roerthale. Von Max Blanckenborn. Mit 1 geognostischen Karte, 1 Profil- und 1 Petrefakten-Tafel	7 —

(Fortsetzung auf dem Umschlage!)

	Mark
Bd. VI, Heft 3. Die Fauna des samländischen Tertiärs. Von Dr. Fritz Noetling. I. Theil. Lieferung 1: Vertebrata. Lieferung II: Crustacea und Vermes. Lieferung VI: Echinodermata. Nebst Tafelerklärungen und zwei Texttafeln. Hierzu ein Atlas mit 27 Tafeln	20 —
» 4. Die Fauna des samländischen Tertiärs. Von Dr. Fritz Noetling. II. Theil. Lieferung III: Gastropoda. Lieferung IV: Pelecypoda. Lieferung V: Bryozoa. Schluss: Geologischer Theil. Hierzu ein Atlas mit 12 Taf.	10 —
Bd. VII, Heft 1. Die Quartärbildungen der Umgegend von Magdeburg, mit besonderer Berücksichtigung der Börde. Von Dr. Felix Wahnschaffe. Mit einer Karte in Buntdruck und 8 Zinkographien im Text.	5 —
» 2. Die bisherigen Aufschlüsse des märkisch-pommerschen Tertiärs und ihre Uebereinstimmung mit den Tiefbohrergebnissen dieser Gegend, von Prof. Dr. G. Berendt. Mit 2 Tafeln und 2 Profilen im Text	3 —
» 3. Untersuchungen über den inneren Bau westfälischer Carbon-Pflanzen. Von Dr. Johannes Felix. Hierzu Tafel I—VI. — Beiträge zur fossilen Flora. IV. Die Sigillarien der preussischen Steinkohlengebiete. I. Die Gruppe der Favularien, übersichtlich zusammengestellt von Prof. Dr. Ch. E. Weiss. Hierzu Tafel VII—XV (1—9). — Aus der Anatomie lebender Pteridophyten und von Cycas revoluta. Vergleichsmaterial für das phytopalaeontologische Studium der Pflanzen-Arten älterer Formationen. Von Dr. H. Potonié. Hierzu Tafel XVI—XXI (1—6)	20 —
» 4. Beiträge zur Kenntniss der Gattung Lepidotus. Von Prof. Dr. W. Branco in Königsberg i./Pr. Hierzu ein Atlas mit Tafel I—VIII	12 —
Bd. VIII, Heft 1. † (Siehe unter IV. No. 8.)	
» 2. Ueber die geognostischen Verhältnisse der Umgegend von Dörnten nördlich Goslar, mit besonderer Berücksichtigung der Fauna des oberen Lias. Von Dr. August Denckmann in Marburg. Hierzu ein Atlas mit Tafel I—X	10 —
» 3. Geologie der Umgegend von Haiger bei Dillenburg (Nassau). Nebst einem palaeontologischen Anhang. Von Dr. Fritz Frech. Hierzu 1 geognostische Karte und 2 Petrefacten-Tafeln	3 —
» 4. Anthozoen des rheinischen Mittel-Devon. Von Dr. Clemens Schlüter. Mit 16 lithographirten Tafeln.	12 —
Bd. IX, Heft 1. Die Echiniden des Nord- und Mitteldeutschen Oligocäns. Von Dr. Theodor Ebert in Berlin. Hierzu ein Atlas mit 10 Tafeln und eine Texttafel	10 —
» 2. R. Caspary: Einige fossile Hölzer Preussens. Nach dem handschriftlichen Nachlasse des Verfassers bearbeitet von R. Triebel. Hierzu ein Atlas mit 15 Taf.	10 —

		Mark
Bd. X. Heft 1.	Das Norddeutsche Unter-Oligocän und seine Mollusken-Fauna. Von Prof. Dr. A. von Koenen in Göttingen. Lieferung I: Strombidae — Muricidae — Buccinidae. Nebst Vorwort und 23 Tafeln	20 —
„ 2.	Das Norddeutsche Unter-Oligocän und seine Mollusken-Fauna. Von Prof. Dr. A. von Koenen in Göttingen. Lieferung II: Conidae — Volutidae — Cypraeidae. Nebst 16 Tafeln	16 —

Neue Folge
(Fortsetzung dieser Abhandlungen in einzelnen Heften).

Heft 1.	Die Fauna des Hauptquarzits und der Zorger Schiefer des Unterharzes. Von E. Kayser. Mit 13 Steindruck- und 11 Lichtdrucktafeln	17 —
Heft 3.	Die Foraminiferen der Aachener Kreide. Von Ignaz Beissel. Nebst ein Atlas mit 16 Tafeln	10 —

III. Jahrbuch der Königl. Preuss. geolog. Landesanstalt und Bergakademie.

	Mark
Jahrbuch der Königl. Preuss. geolog. Landesanstalt u. Bergakademie für das Jahr 1880. Mit geogn. Karten, Profilen etc.	15 —
Dasselbe für die Jahre 1881—1888. Mit dgl. Karten, Profilen etc. 8 Bände, à Band	20 —

IV. Sonstige Karten und Schriften.

		Mark
1.	Höhenschichtenkarte des Harzgebirges, im Maafsstabe von 1:100 000	8 —
2.	Geologische Uebersichtskarte des Harzgebirges, im Maafsstabe von 1:100000; zusammengestellt von Dr. K. A. Lossen	22 —
3.	Aus der Flora der Steinkohlenformation (20 Taf. Abbild. d. wichtigsten Steinkohlenpflanzen m. kurzer Beschreibung); von Prof. Dr. Ch. E. Weiss	3 —
4.	Dr. Ludewig Meyn. Lebensabriss und Schriftenverzeichniss desselben; von Prof. Dr. G. Berendt. Mit einem Lichtdruckbildniss von L. Meyn	2 —
5.	Geologische Karte der Umgegend von Thale, bearb. von K. A. Lossen und W. Dames. Maafsstab 1:25000	1,50
6.	Geologische Karte der Stadt Berlin im Maafsstabe 1:15000, geolog. aufgenommen unter Benutzung der K. A. Lossen'schen geol. Karte der Stadt Berlin durch G. Berendt	3 —
7. †	Geognostisch-agronomische Farben-Erklärung für die Kartenblätter der Umgegend von Berlin, von Prof. Dr. G. Berendt	0,50
8. †	Geologische Uebersichtskarte der Umgegend von Berlin im Maassstabe 1:100000, in 2 Blättern. Herausgegeben von der Königl. Preuss. geolog. Landesanstalt. Hierzu als »Bd. VIII, Heft 1« der vorstehend genannten Abhandlungen: **Geognostische Beschreibung der Umgegend von Berlin**, von G. Berendt und W. Dames unter Mitwirkung von F. Klockmann	12 —

A. W. Schade's Buchdruckerei (L. Schade) in Berlin, Stallschreiberstr. 45/46.